安徽基层水利技术人才队伍培训工程
安徽乡镇水利员培训专用配套教材

简明水利工程测量

主　编　朱　林　刘军号
副主编　李　欣　张　尧
主　审　李兴旺　王　强

黄河水利出版社
·郑州·

内容提要

本书是针对基层乡镇水利员学习农村水利业务知识和实用技术而编写的培训教材。本书从我国水利水电工程建设与管理的实际出发，以水利工程测量"测""算""绘"的全过程为主线，系统地介绍了水准测量、角度测量、距离测量、全站仪及其应用、大比例尺数字化测图及其在工程中的应用等现代测量学的方法与应用。本书内容简明、实用，可操作性强。

本书为基层水利职工队伍建设的培训教材，可供水利水电工程技术人员和大专院校有关师生参考，也可供从事水利水电工程规划、设计、施工、监理等相关工作的工程技术人员阅读参考。

图书在版编目(CIP)数据

简明水利工程测量/朱林，刘军号主编. —郑州：黄河水利出版社，2014.5

ISBN 978-7-5509-0798-0

Ⅰ.①简… Ⅱ.①朱… ②刘… Ⅲ.①水利工程测量-岗位培训-教材 Ⅳ.①TV221

中国版本图书馆 CIP 数据核字(2014)第 096510 号

组稿编辑：王路平　电话：0371-66022212　E-mail：hhslwlp@163.com

出 版 社：黄河水利出版社

地址：河南省郑州市顺河路黄委会综合楼 14 层　邮政编码：450003

发行单位：黄河水利出版社

发行部电话：0371-66026940、66020550、66028024、66022620(传真)

E-mail：hhslcbs@126.com

承印单位：河南地质彩色印刷厂

开本：787 mm×1 092 mm　1/16

印张：9

字数：210 千字　印数：1—4 000

版次：2014 年 5 月第 1 版　印次：2014 年 5 月第 1 次印刷

定价：26.00 元

前 言

为深入贯彻落实2011年中央和安徽省委两个1号文件及中央、全省水利工作会议精神，着力提高乡镇水利员水利专业技术水平，全面提升基层水利服务能力，安徽省对全省所有乡镇水利员进行农村水利业务知识和实用技术的培训。

工程测量的实践能力主要体现在“测”“算”“绘”三个方面，为让乡镇水利员具有实际工作的基本技能和初步能力，本书在这三个方面均有创新：“测”方面重点讲述了电子经纬仪、全站仪等工程上的应用；“算”方面在传统手算的基础上增加了Excel电子表格和AutoCAD在测绘数据处理上的应用；“绘”方面可借助测绘软件进行联机成图，赋予了传统测量学中“测”“算”“绘”崭新的诠释。

现在诸如Excel电子表格软件、AutoCAD绘图软件等许多工具软件的普及，就像20世纪80年代的电子计算器兴起一样，已经成为当代获取知识的重要基本工具。因此，测量学教材必须应用这些基础课教学改革的成果。

本书在编写过程中力求概念清晰、深入浅出、联系实际、突出实用，本着基础知识“必学、够用”的原则，着重介绍现代测绘学中新技术、新方法的应用，充分体现高职高专职业技术教育的特色。

本书共分6章，编写分工如下：朱林、刘军号共同编写第1章、第5章、第6章及全书的Excel及AutoCAD的计算和撰写并绘制了所有插图；刘军号编写第2章；李欣编写第3章；张尧编写第4章。本书由朱林、刘军号担任主编，朱林负责全书统稿；由李欣、张尧担任副主编。

本书由安徽水利水电职业技术学院院长李兴旺和安徽水利职工干部学校副校长王强担任主审。主审人对书稿进行了认真细致的审查，从编写大纲、初稿到统稿都提出了许多建设性的修改意见。

由于编者水平所限，书中难免存在不足之处，恳请广大读者批评指正。

编 者

2014年3月

前 言

[illegible]

编 者

目　录

第1章　绪　论

本章提要

本章主要介绍测绘学的研究对象和内容。重点讲述现代测绘学的发展现状和地球空间信息学与现代测绘学的任务。简要概述地球形状和大小的概念及研究方法。介绍测量常用坐标系统，地球表面位置的确定方法及测量原理。分析用水平面代替水准面的限度。介绍现代测绘学在国民经济建设和工程中的作用。简要介绍了学习目的和要求。

1.1　测绘学与测量学

测量学与制图学统称为测绘学。测绘学研究的对象是地球整体及其表面和外层空间中的各种自然物体和人造物体的有关信息。它研究的内容是对这些与地理空间有关的信息进行采集、处理、管理、更新和利用。它既要研究测定地面点的几何位置、地球形状、地球重力场以及地球表面自然形态和人工设施的几何形态，又要结合社会和自然信息的地理分布，研究绘制全球和局部地区各种比例尺的地形图和专题图的理论和技术。由此可见，测量学是测绘学科的重要组成部分。

1.1.1　测绘学研究的对象

人类生活的地球表面极不规则，有高山、丘陵、平原、盆地、湖泊、河流和海洋等自然形成的物体，还有房屋建筑、工厂、公路、铁路、桥梁等人工建造的建筑物和构筑物。测量学将这些地表物体分为地物和地貌。

地物是指地面上天然或人工形成的物体，它包括湖泊、河流、海洋、房屋、道路、桥梁等。地貌是指地表高低起伏的形态，它包括山地、丘陵和平原等。

地物和地貌总称为地形。测量学是研究地球的形状和大小，确定地球表面各种物体的形状、大小和空间位置的学科。其主要任务是测定和测设。

测定是使用测量仪器和工具，通过测量和计算将地物和地貌的位置按一定比例尺，用规定的符号缩小绘制成地形图，供科学研究和工程建设规划设计使用。

测设是将在图纸上设计出的建筑物和构筑物的位置在实地标定出来，作为施工的依据。

传统的测量学研究的对象是地球及其表面，但随着现代科学技术的发展，它已扩展到地球的外层空间，并且已由静态对象发展到动态对象；同时，所获得的量既有宏量，也有微量。使用的手段和设备也已转向自动化、遥测、遥控和数字化。

1.1.2　测绘学的分科

伴随着社会的进步，科学技术的发展，各方面对测量的要求不断变化和提高，测量学的分科也越来越细,测绘学包括以下学科。

1.1.2.1 大地测量学

大地测量学是研究和测定地球的形状、大小和地球重力场,以及测定特定地面上点的空间位置的学科。

大地测量学分几何大地测量学、物理大地测量学和卫星大地测量学(或空间大地测量学)三个分支学科。几何大地测量学是以一个与地球外形最为接近的几何体(旋转椭球)代表地球形状,用天文方法测定该椭球的形状和大小。物理大地测量学是研究用物理方法测定地球形状及其外部重力场的学科。卫星大地测量学是利用人造地球卫星进行地面点定位及测定地球形状、大小和地球重力场的理论、方法的学科。

现代大地测量学是综合利用几何、物理、空间大地测量的理论和方法,解决大地测量学中各种问题的学科。摄影测量与遥感学是研究用摄影和遥感的手段,获取被测物体的信息,进行分析、处理,以确定物体的形状、大小和空间位置,并判定其属性的科学。摄影测量与遥感学分为地面摄影测量学、航空摄影测量学和航天遥感测量学。

1.1.2.2 工程测量学

工程测量学是研究工程建设和资源开发中,在规划、设计、施工和运营管理各个阶段进行的控制测量、地形测绘、施工放样、变形监测的理论、技术和方法的学科。由于建设工程的不同,工程测量学又分为建筑工程测量学、水利工程测量学、矿山测量学、公路测量学、铁路测量学以及海洋工程测量学等;由于不同工程,精度要求不同,又有精密工程测量学等。

1.1.2.3 地图制图学(地图学)

地图制图学是研究地图的编制和应用的学科。它研究用地图图形信息反映自然界和人类社会各种现象的空间分布、相互联系及其动态变化。

1.1.2.4 海洋测绘学

海洋测绘学是研究以海洋水体和海底为对象所进行的测量和海图编制理论、方法的学科。

1.1.2.5 普通测量学

普通测量学是研究对地球表面局部地区进行测绘工作的基本理论、工作方法、技术和应用的学科。其内容包括图根控制网的建立、地形图测绘及一般工程的测设。

也有人称地形测量学为普通测量学。但这种测量学只是为测量地球局部的形状和绘制地形图服务,不包括其他内容。

普通测量学是研究地球局部地区,不考虑地球曲率的影响,使用常规测量仪器设备,进行测定和测设所涉及的测量理论和技术的学科。

1.2 测绘学的发展与现状

1.2.1 测绘学的发展简史

学科的产生和发展是由生产决定的。测绘科学也不例外,它是人类长期以来,在生活和生产方面与自然斗争的结晶。早在几千年前，由于当时社会生产发展的需要，中国、埃及、希腊等国家的人民就开始创造与运用测量工具进行测量。在远古时代我国就发明了指南针，以后又发明了浑天仪等测量仪器，并绘制了相当精确的全国地图。指南针于中世纪由阿拉伯人传到欧洲，以后在全世界得到了广泛的应用，直到今天，它仍然是利用地磁定方位的简便测量工具。

测绘科学的发展很大部分是从测绘仪器的发展开始的，测绘仪器的发展使测绘技术发生了重大的变革。20 世纪 60 年代激光器作为光源用于电磁波测距，使长期以来艰苦的手工业生产方式的测距工作，发生了根本性的变革，彻底改变了大地测量工作中以测角换算距离的方法，因此除用三角测量外，还可用导线测量和三边测量。随着光源和微处理机的问世和应用，测距工作向着自动化方向发展。氦氖激光光源的应用使测程达到 60 km 以上，精度达到 $\pm(5\ \text{mm}+5\times10^{-6}D)$，其中 D 为测量距离。固体激光器的应用使测程大大加大，因此测月、测卫工作得以实现。20 世纪 80 年代开始，多波段(多色)载波测距的出现，抵偿、减弱了大气条件的影响，使测距精度大大提高。ME5000 测距仪达到 $\pm(0.2\ \text{mm}+0.1\times10^{-6}D)$的标称精度。

测角仪器的发展也十分迅速，它和其他仪器一样，随着科学技术的进步而发展，从金属度盘发展为光学度盘。近 20 年来，伴随着电子技术、微处理机技术的广泛应用，经纬仪已使用电子度盘和电子读数，且能自动显示、自动记录，完成了自动化测角的进程。自动测角的电子经纬仪已经问世，并得到应用。同时，电子经纬仪、测距仪、存储器和微处理器结合，形成了电子速测仪。其体积小，质量轻，功能全，自动化程度高，为数字测图开拓了广阔前景。最近又推出了智能全站仪，连瞄准目标也可自动化，从此将结束测角、测距手工业生产方式的漫长历史。

20 世纪 90 年代，全球定位系统(Global Positioning System，简称 GPS)问世，采用卫星直接进行空间点的三维定位，引起了测绘工作的重大变革。由于卫星定位具有全球、全天候、快速、高精度和无须建立觇标等优点，被广泛用在大地测量、工程测量、地形测量及军事的导航、定位上。目前，除美国研制的 GPS 定位系统外，还有苏联研制的 GLONASS 定位系统、欧洲空间局的“伽利略”全球卫星导航系统(NAVSAT)、我国的“北斗星”定位系统。

20 世纪 90 年代，除用飞机进行航空摄影测量测绘地(形)图外，还通过人造地球卫星、航天飞机拍摄地球照片，监测自然现象的变化，并且利用这些卫星图片测绘地图，如 2005 年 8 月美国的“发现”号航天飞机就对地球北纬 75°到南纬 75°的区域进行了航天摄影测量，其精度逐步提高。近年来，已改变了过去摄影测量的方式，用数字摄影测量技术进行测量工作，使摄影测量的成果稳定、可靠，并且自动化程度高，还可与计算机组成一个系统，易于完成地图的生产、使用、修改和换代。

由于测绘仪器的飞速发展和计算机技术的广泛应用，地面的测图系统，由过去的传统测绘方式发展为数字测图。地形图是由数字表示的，用计算机进行绘制和管理既便捷，又迅速，精度可靠。

综上所述，20 世纪 60 年代后，新的科学技术得到了快速发展，特别是电子学、信息学、电子计算机科学和空间科学，在自身发展的同时，给测绘科学的发展开拓了广阔的空间,创造了发展的条件,推动着测绘技术和仪器的变革和进步。随着社会经济的发展,世界科技进入高速发展时期,同时也促进了测绘科学技术的发展。光电技术和微型电子计算机被引入测绘仪器制造领域后,产生了将电磁波测距与电子测角融为一体的全站仪,它自动计算测点三维坐标,自动保存观测数据,将观测数据传输到计算机,从而实现数字化测绘地形图。随着航天遥感技术的不断完善,利用航天遥感相片及扫描信息测绘地形图,不仅覆盖面积大,而且不受地理及气候条件的限制,能全天候作业,极大地提高了测绘工作效率。1993 年后,迅速发展和普及的利用卫星测定地面控制点坐标的新技术——全球定位系统(GPS)彻底改变了传统的通过测角量边计算地面点位坐标的方法。测量人员只需将 GPS 接收机安置在测点上,通过接收卫星信号,使用专门的数据处理软件就可以快速计算出测点的三维坐标。1992 年开始研究的地理信息系统(Geographic Information System,简称 GIS)是一定格式的数字地图与地面有关资源信息的集成并实现有关空间数据管理、空间信息分析及其传播的计算机系统,是传统学科(测量学、地理学和地图学等)与现代科学技术(遥感技术、计算机科学等)相结合的产物,经过多年的发展历程已经取得了巨大的成就,被广泛应用于土地利用、资源管理、环境监测、交通运输、城市规划、经济建设以及政府各职能部门。

1.2.2 地球空间信息学(Geomatics)与现代测绘学的任务

随着科学技术的发展,高新技术不断涌现,如计算机科学、信息科学、空间技术、卫星技术、微电子技术、传感器技术等,在现代都得到了高速发展和应用。在此基础上,测绘学科发展十分迅速。同时,测绘学的相邻学科如地球物理学、地球动力学、海洋学、地质学、天体力学的交叉发展,以及全球定位系统(GPS)、遥感(RS)、地理信息系统(GIS)、专家系统(ES)、数字摄影测量系统(DPS)的出现,使传统的测绘学从地面到空间,从静态到动态,从宏量到微量,从手工业生产方式到自动化、信息化,有了一个根本性的变革。因此,测绘学的手段、方法、理论,甚至测量的观念和内涵有了较大的改变,传统的“测”和“绘”的科学概念已经不能概括现代测绘学的研究对象和任务,更不能覆盖高新技术对测绘科学的渗透和冲击而产生的新内容。因此,如何界定测绘学含义,使形式和内容统一,已引起了世界各国测绘工作者的关注。1975 年,法国大地测量与摄影测量学者 Bernard Dubuisson 博士首先提出以 Geomatics 反映测绘学的学科实质,得到了各国测绘科学家的认可,并一致认为 Geomatics 能准确地反映现代测绘学的内容实质。

Geomatics 的含义是比“测绘”更广泛、更深远、更现代化的一个学科名词,如果说它与测绘紧密相连,只能说测绘是其内容的一个组成部分。国际标准组织对它的定义是:“Geomatics 是一个活动性的学科领域,它以系统的方法将所有用于空间数据的采集和管理的手段进行综合。这类空间数据是在空间信息产生和管理过程中所涉及的科学的、行政的、法律的以及技术的工作所需要的。上述活动包括地图学、控制测量、数字测图、大地测量、地理信息系统、水道测量、土地信息管理、土地测量、矿山测量、摄影测量和遥感等,但并不限于此。”

结合我国测绘科学的具体情况,我国的测绘专家们了解和分析了国外对 Geomatics 的含义之后,对 Geomatics 提出了如下定义:“对所研究的物体,包括地球的整体及其表面和外层空间的各种自然和人造实体，利用接触式与非接触式测量仪器、传感器及其组合系统，对这些实体进行信息的采集、量测、存储、管理、更新、分析、显示、分发和利用的一门科学和技术。”

由上述内容可见，现代测绘学的任务是研究人类对赖以生存的地球环境信息的采集、量测、描述和利用。其内容如下：研究空间定位、地球形状和重力场；获取地球及其外层空间宇宙星体的自然形态、人为设施以及与其属性有关的信息；制成各种地形图、专题图和建立地理信息系统，为研究地球上的自然现象和有关的社会现象，为社会可持续发展提供基础信息。

1.3 测绘学的应用及其在土木建筑工程中的作用

1.3.1 测绘学在国民经济建设、国防建设和科学领域中的作用

由前面讨论可知，现代测绘学的内容广泛，任务涉及面大，是现代高新技术互相渗透的结果。现代普通测量学是现代测绘学的一个重要的组成部分，担负着现代测量学的历史任务。其内涵也与传统的测量学有所不同，它不仅手段先进，方法新颖，而且其研究和服务的对象、范围越来越广泛，重要性越来越显著。因此，现代测量学是一门科学性、技术性很强的学科，对于国民经济建设、国防建设以及科学研究等领域，是一门重要的基础科学。

在工程建设方面，工程的勘测、规划、设计、施工、竣工及运营后的监测、维护都需要测量工作。在军事上，首先由测绘工作提供地形信息，在战略的部署、战役的指挥中，除必需的军用地图（包括电子地图、数字地图）外，还需要进行目标的观测定位，以便进行打击。至于远程导弹、空间武器、人造卫星以及航天器的发射等，都要随时观测、校正飞行轨道，保证它精确入轨飞行。为了使飞行器到达预定目标，除测算出发射点和目标点的精确坐标、方位、距离外，还必须掌握地球形状、大小、重力场的精确数据。航天器发射后，还要跟踪观测飞行轨道是否正确。总之，现代战争与现代测绘技术紧密结合在一起，是军事上决策的重要依据之一。

在科学试验方面，如地震预测预报、灾情监测、空间技术研究、海底资源探测、大坝变形监测、加速器和核电站运营的监测以及其他科学研究，无一不需要测绘工作紧密配合和提供空间信息。

此外，对建立各种地理信息系统（GIS）、数字城市、数字中国，都需要现代测绘科学提供基础数据信息。

1.3.2 测绘学在土木建筑工程中的作用

测绘学在土木建筑类各专业的工作中，不但应用广泛，而且与各专业结合得越来越紧密。但在不同的领域中，测量工作的内容和步骤也是不相同的。

在城市规划、给水排水、煤气管道、工业厂房和高层建筑建设中的测量工作如下：在设

计阶段，要测绘各种比例尺的地形图，供工程规划、选址、设计使用；在施工阶段，要将设计好的建筑物或构筑物的平面位置和高程在实地标定出来，作为施工的依据；工程完工后，要测绘竣工图，供日后扩建、改建、维修和城市管理应用；对某些重要的建筑物或构筑物，在建设中和建成以后都需要进行变形观测，以保证建筑物的安全。

在铁路、公路建设中的测量工作如下：为了确定一条最经济合理的路线，应预先测绘路线附近的地形图，在地形图上进行路线设计，然后将设计路线的位置标定在地面上，以指导施工；当路线跨越河流时，应建造桥梁，在建桥之前，要测绘河流两岸的地形图，测定河流的水位、流速、流量和河床地形图以及桥梁轴线长度等，为桥梁设计提供必要的资料，最后将设计桥台、桥墩的位置标定到实地；当路线穿过山岭需要开挖隧道时，开挖之前，应在地形图上确定隧道的位置，根据测量数据计算隧道的长度和方向；隧道施工通常是从隧道两端相向开挖，这就需要根据测量成果确定开挖方向，保证其正确贯通。

1.4　学习测量学的目的与要求

本课程是工程类各专业的技术基础课。工程类专业的学生，学习该课程之后，要求掌握测量学的基本知识和基本理论；具有使用常规测量仪器的操作技能，了解先进测绘仪器的原理、使用方法；基本掌握大比例尺地形图测图的原理、方法；对数字测图的过程有所了解；在工程规划、设计和施工中能正确地使用地形图和测量信息；掌握处理测量数据的理论和评定精度的方法。

通过本课程的学习，要掌握下列有关测定和测设的基本内容。

(1)地形图测绘。

运用各种测量仪器和工具，通过实地测量和计算，把小范围内地面上的地物、地貌按一定的比例尺测绘成图。

(2)地形图应用。

在工程设计中，从地形图上获取设计所需要的资料，例如点的坐标和高程、两点间的水平距离、地块的面积、土方量、地面的坡度、地形的断面和地形分析等。

(3)施工放样。

将图上设计好的建筑物或构筑物的位置标定在实地上，作为施工的依据。

(4)变形观测。

监测建筑物或构筑物的水平位移、垂直沉降、倾斜观测和裂缝观测，以便采取措施，保证建筑物的安全。

(5)竣工测量。

在工程建设竣工后，应编绘竣工总平面图。它包括外业实测和内业资料编绘两方面内容。

生活在科学技术尤其是新技术飞速发展年代的大学生，既要熟练掌握传统的测绘理论与方法，也要努力学习和掌握成熟的测绘新技术，例如全站仪和 GPS 测量、数字测图及计算机数据处理(测、绘、算)等，并能将它们应用到建筑工程建设的生产实践中，只有这样，才能使自己在激烈的市场竞争中立于不败之地。

1.5 地球的形状和大小

地球是一个南北极稍扁、赤道稍长、平均半径为 6 371 km 的椭球体。测量工作是在地球表面上进行的，而地球的表面有高山、丘陵、平原、盆地、湖泊、河流和海洋等高低起伏的形态，其中海洋面积约占 71%，陆地面积约占 29%。下面介绍重力、铅垂线、水准面、大地水准面、参考椭球面和法线的概念及关系。

如图 1-1(a)所示，由于地球的自转，其表面的质点 P 除受万有引力的作用外，还受到离心力的影响。P 点所受的万有引力与离心力的合力称为重力，重力的方向称为铅垂线方向。

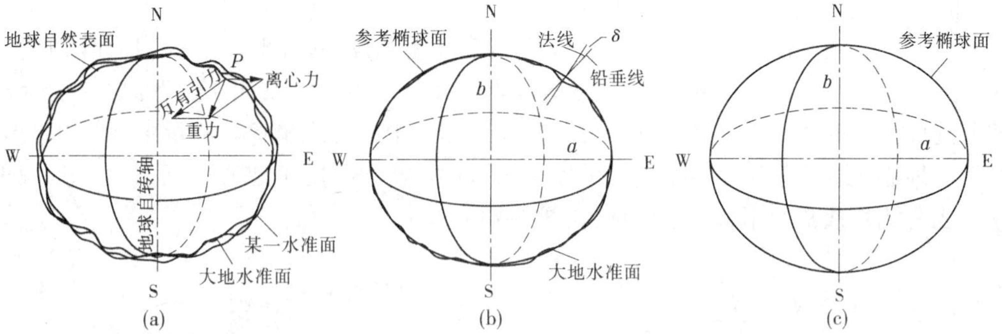

图 1-1 地球自然表面、水准面、大地水准面、参考椭球面、铅垂线、法线间的关系

假想静止不动的水面延伸穿过陆地，包围整个地球，形成一个封闭曲面，这个封闭曲面称为水准面。水准面是受地球重力影响形成的，是重力等位面，其特点是曲面上任意一点的铅垂线垂直于该点的曲面。根据这个特点，水准面也可以定义为：处处与铅垂线垂直的连续封闭曲面。由于水准面的高度可变，符合该定义的水准面有无数个，其中与平均海水面相吻合的水准面称为大地水准面。大地水准面是唯一的。

由于地球内部的物质密度分布不均匀造成地球各处万有引力的大小不同，致使重力方向产生变化，所以大地水准面实际上是有微小起伏的、不规则的、很难用数学方程表示的复杂曲面。如果将地球表面上的物体投影到这个复杂的曲面上，计算起来将非常困难。为了解决投影计算问题，通常是选择一个与大地水准面非常接近的、能用数学方程表示的椭球面作为投影的基准面，这个椭球面是由长半轴为 a、短半轴为 b 的椭圆 NESW 绕其短轴 NS 旋转而成的旋转椭球面。旋转椭球又称为参考椭球，其表面称为参考椭球面，如图 1-1(c)所示。

由地表任一点向参考椭球面所作的垂线称为法线，地表点的铅垂线和法线一般不重合，其夹角 δ 称为垂线偏差，如图 1-1(b)所示。

我国采用过的有两个参考椭球元素值以及 GPS 测量使用的参考椭球元素值列于表 1-1。

由于参考椭球的扁率很小，当测区范围不大时，可以将参考椭球近似看作半径为

6 371 km的圆球。

表 1-1　参考椭球元素值

序	坐标系名称	a(m)	f(扁率)	e^2(第一偏心率)	e'^2(第二偏心率)
1	1954 年北京坐标系	6 378 245	1:298.3	0.006 693 421 622 966	0.006 738 525 414 683
2	1980 西安坐标系	6 378 140	1:298.257	0.006 694 384 999 59	0.006 739 501 819 47
3	WGS－84 国际坐标系(GPS 用)	6 378 137	1:298.257 223 563	0.006 694 379 990 13	0.006 739 496 742 23

1.6　测量坐标系与地面点位的确定

测量学的主要任务是测定和测设,无论测定还是测设,都需要通过确定地面点的空间位置来实现。空间是三维的,所以表示地面点在某个空间坐标系中的位置需要三个参数,确定地面点位的实质就是确定其在某个空间坐标系中的三维坐标。测量中,将空间坐标系分为地心坐标系和参心坐标系。GPS 使用的 WGS－84 属于地心坐标系,如图 1-2 所示。工程测量通常使用参心坐标系,如图 1-3 所示。

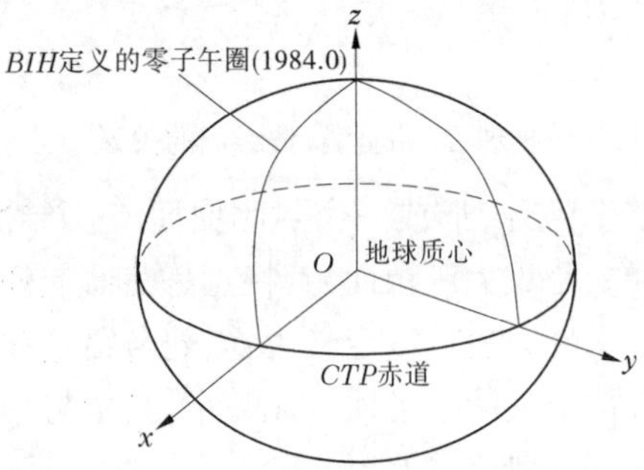

图 1-2　地心坐标系

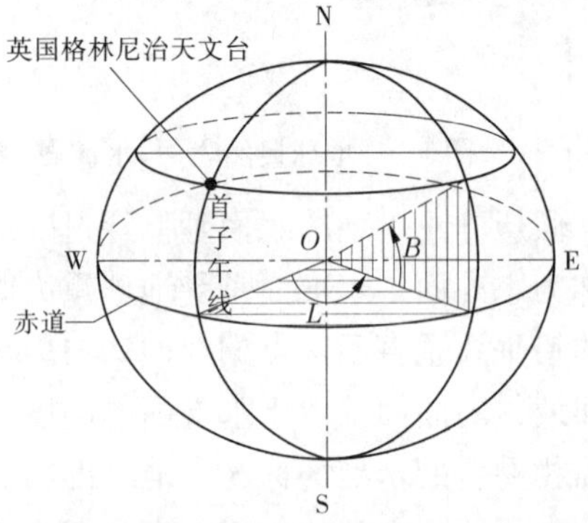

图 1-3　参心坐标系

1.6.1　确定点的球面位置的坐标系

由于地表高低起伏不平,所以一般是用地面某点投影到参考曲面上的位置和该点到大地水准面间的铅垂距离来表示该点在地球上的位置。为此,测量上将空间坐标系分解为确定点的球面位置的坐标系(二维)和高程系(一维)。

确定点的球面位置的坐标系有地理坐标系和平面直角坐标系两类。

1.6.1.1　地理坐标系

地理坐标系是用经纬度表示点在地球表面的位置。1884 年,在美国华盛顿召开的国际经度会议上,正式将经过格林尼治天文台的经线确定为 0°,分别向东西推算,纬度以赤道为 0°,分别向南北半球推算。按坐标系所依据的基准线和基准面的不同以及求坐标方法的不同,地理坐标系又分为天文地理坐标系和大地地理坐标系两种。

1. 天文地理坐标系

天文地理坐标又称为天文坐标,表示地面点在大地水准面上的位置,其基准是铅垂线和大地水准面,它用天文经度 λ 和天文纬度 φ 两个参数来表示地面点在球面的位置。

2. 大地地理坐标系

大地地理坐标又称大地坐标,是表示地面点在参考椭球面上的位置,其基准是法线和参考椭球面,它用大地经度 L 和大地纬度 B 表示。大地经纬度是根据起始大地点(又称大地原点,该点的大地经纬度与天文经纬度一致)的大地坐标,按大地测量所得的数据推算而得到的。我国以陕西省泾阳县永乐镇大地原点为起算点,由此建立的大地坐标系,称为“1980 西安坐标系”。之前的“1954 年北京坐标系”其大地原点位于苏联列宁格勒天文台中央。

如合肥处在北纬 31°14′,东经 117°52′,用 $B=31:14$ N,$L=117:52$ E 表示。

1.6.1.2 平面直角坐标系

1. 高斯平面直角坐标系

地理坐标对局部测量工作来说是非常不方便的。例如,在赤道上,1″的经度差或纬度差对应的地面距离约为 30 m。测量计算最好在平面上进行,但地球是个不可展的曲面,应通过投影的方法将地球表面上点位化算到平面上。地图投影有多种方法,我国采用的是高斯－克吕格正形投影。正形投影的实质就是椭球面上微小区域的图形投影到平面上后仍然与原图形相似,即不改变原图形的形状。例如,椭球面上一三角形投影到平面上后,其三个内角保持不变,也即是等角投影。

高斯－克吕格正形投影简称高斯投影,如图 1-4所示。使用高斯投影的国家还有德国和苏联。高斯投影是将地球按经线划分成若干带分带投影,带宽用投影带两边缘子午线的经度差表示,常用带宽为 6°和 3°,分别简称为 6°带投影和 3°带投影。国际上对 6°带投影和 3°带投影的中央子午线经度有统一规定,满足这一规定的投影称为统一 6°带投影和统一 3°带投影。

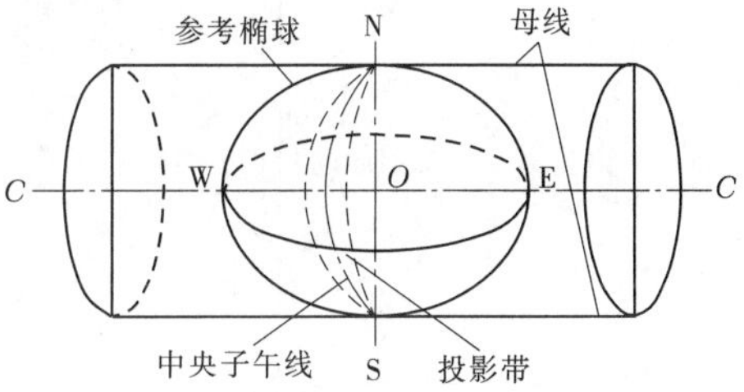

图 1-4　高斯直角坐标系的投影图

1) 统一 6°带投影

从首子午线起,每隔经度 6°划分为一带,如图 1-5 所示,自西向东将整个地球划分为 60 个投影带,带号从首子午线开始,用阿拉伯数字表示。第一个 6°带的中央子午线的经度为 3°,任意带的中央子午线经度 L_0 与投影带号 N 的关系为

$$L_0 = 6N - 3 \tag{1-1}$$

反之,已知地面任一点的经度 L,要计算该点所在的统一 6°带编号的公式为

$$N = \mathrm{Int}\left(\frac{L}{6} + 1\right) \tag{1-2}$$

投影后的中央子午线和赤道均为直线并保持相互垂直。以中央子午线为坐标纵轴(x 轴),向北为正;以赤道为坐标横轴(y 轴),向东为正,中央子午线与赤道的交点为坐标

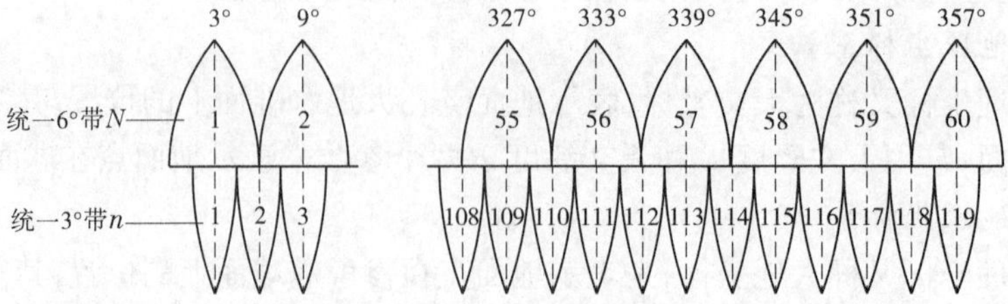

图 1-5　统一 6°带投影与统一 3°带投影高斯平面直角坐标系的关系

原点 O。

与数学的笛卡儿坐标系比较，在高斯平面直角坐标系中，为了定向的方便，定义纵轴为 x 轴，横轴为 y 轴，x 轴与 y 轴互换了位置，象限则按顺时针方向编号，这样就可以将数学上定义的各类三角函数在高斯平面直角坐标系中直接应用。

我国位于北半球，x 坐标值恒为正，y 坐标值则有正有负，当测点位于中央子午线以东时为正，以西为负。如图 1-6(a)所示的 P 点位于中央子午线以西，其 y 坐标值为负值。对于 6°带高斯平面直角坐标系，最大的 y 坐标负值约为 -365 km。为了避免 y 坐标出现负值，我国统一规定将每带的坐标原点向西平移 500 km，也就是给每个点的 y 坐标值加上 500 km，使之恒为正值，见图 1-6(b)。

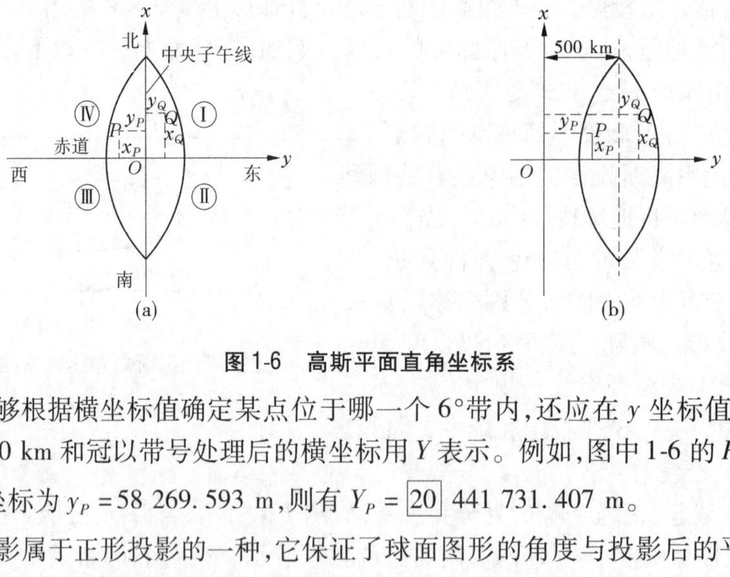

图 1-6　高斯平面直角坐标系

为了能够根据横坐标值确定某点位于哪一个 6°带内，还应在 y 坐标值前冠以带号。将经过加 500 km 和冠以带号处理后的横坐标用 Y 表示。例如，图中 1-6 的 P 点位于第 20 带内，其横坐标为 $y_P = 58\ 269.593$ m，则有 $Y_P = \boxed{20}\ 441\ 731.407$ m。

高斯投影属于正形投影的一种，它保证了球面图形的角度与投影后的平面图形的角度不变，但球面上任意两点间的距离经投影后会产生变形，其规律是：除中央子午线没有距离变形外，其余位置的距离均存在变形。

2）统一 3°带投影

统一 3°带的中央子午线经度 L'_0 与投影带号 n 的关系为

$$L'_0 = 3n \tag{1-3}$$

反之，已知地面任一点的经度 L，要计算该点所在的统一 3°带编号的公式为

$$n = \mathrm{Int}\left(\frac{L}{3} + 0.5\right) \tag{1-4}$$

3)任意带投影

任意带投影通常用于建立城市独立坐标系。例如,可以选择过城市中心某点的子午线为中央子午线进行投影,这样,可以使整个城市范围内的距离投影的变形比较小。

2. 假定平面直角坐标系

在面积小于 320 km^2 的区域,可不经投影采用假定平面直角坐标系在平面上直接进行计算。

1.6.2 确定点的高程系统

地面点的高程是指地面点沿基准线方向至基准面的距离。由于高程基准面选择的不同,有不同的高程系统。测量上常用的高程基准面有参考椭球体面和大地水准面。其相应的高程为大地高和海拔。

大地高是以参考椭球体面为高程基准面。大地高是地面点沿法线到椭球体面的距离,用 $H^{大}$ 表示,见图 1-7。

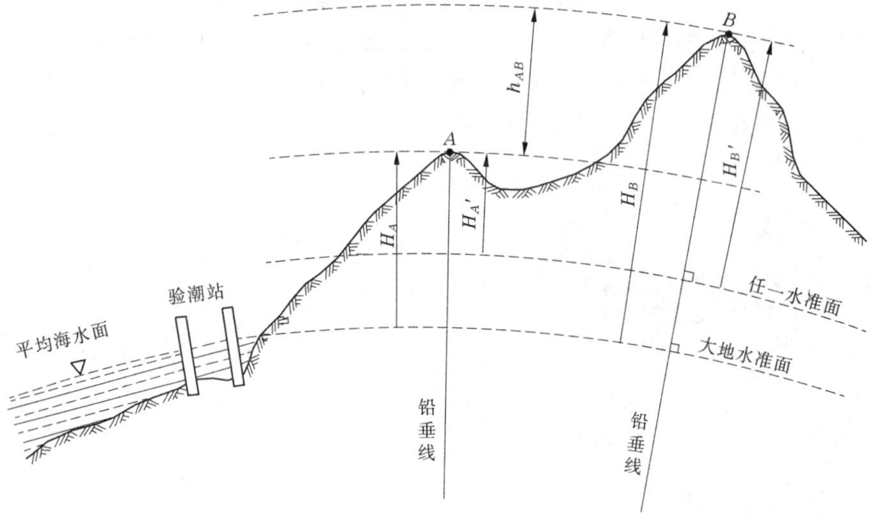

图 1-7　高程与高差的定义及其相互关系

海拔高是以大地水准面为高程基准面,即地面点沿铅垂线到大地水准面的距离,也称为绝对高程,用 $H^{海}$ 表示。

海水面由于受潮汐、风浪的影响,是个动态曲面。所谓静止海水面是不存在的,常用平均海水面代替,即在海边设立验潮站,进行长期潮汐观测,取海水面平均高度作为高程零点。新中国成立后,我国采用青岛验潮站长期观测资料求得黄海平均海水面作为我国高程基准面,称为“1956 年黄海高程系”。在青岛市观象山建立水准原点,其高程为 72. 289 m。后又将 1953 ~ 1979 年验潮资料进行归算,推算青岛国家水准原点高程为 72. 260 m,称为“1985 年国家高程基准”。1987 年我国开始启用这个基准。

由上可知,在水准原点,"1985 年国家高程基准"使用的大地水准面比"1956 年黄海高程系"使用的大地水准面高出 0.028 6 m。

在局部地区特殊条件下,不需要和国家高程系联系,也可以采用一个假设水准面为高程起算面。这样所得到的地面高程称为假设高程或相对高程。

在同一个高程系统中地面上两点间的高程差称为高差,用 h 表示。如图 1-7 所示,A、B 两点高差为

$$h_{AB} = H_B - H_A \tag{1-5}$$

由于大地水准面不是光滑曲面,所以一点的大地高和海拔高是不同的。这个高程差不是常数。两点之间的大地高差和海拔高差也是不相同的。

1.7　地面点位的确定原理

测量的主要任务是测定和测设。测定是将地物和地貌按一定的比例尺缩小绘制成地形图。如图 1-8 所示,测区内有山丘、房屋、河流、小桥、公路等,测绘地形图的过程是先测量出这些地物、地貌特征点的坐标,然后按一定的比例尺、规定的符号缩小展绘在图纸上。例如,要在图纸上绘出一幢房屋,就需要在这幢房屋附近、与房屋通视且坐标已知的点(图中的 A 点)上安置测量仪器,选择另一个坐标已知点(图中的 F 点或 B 点)作为定向方向(也称为后视点),才能测量出这幢房屋角点的坐标。地物、地貌的特征点又称碎部点,测量碎部点坐标的方法与过程称为碎部测量。

图 1-8　某测区地物地貌透视图

由图 1-8 可知,在 A 点安置测量仪器还可以测绘出西面的河流、小桥,北面的山丘,但山北面的工厂区就看不见了。因此,还需要在山北面布置一些点,如 C,D,E 点,这些点的坐标应已知。由此可知,要测绘地形图,首先要在测区内均匀布置一些点,并测量计算出它们的 x,y,H 三维坐标。测量上将这些点称为控制点,测量与计算控制点坐标的方法与过程称为控制测量。

测设是将在图纸上设计好的建筑物和构筑物的位置在实地标定出来。假设图 1-9 是

图 1-8 已经测绘出来的地形图。根据需要,设计人员已经在图纸上设计出了 P,Q,R 三幢建筑物,用极坐标法将它们的位置标定到实地的方法如下。在控制点 A 上安置仪器,用控制点 F 点(或 B 点)及 P,Q,R 三幢建筑物轴线点的设计坐标,计算出水平夹角和水平距离,然后用仪器分别定出设计建筑物的实地平面位置。

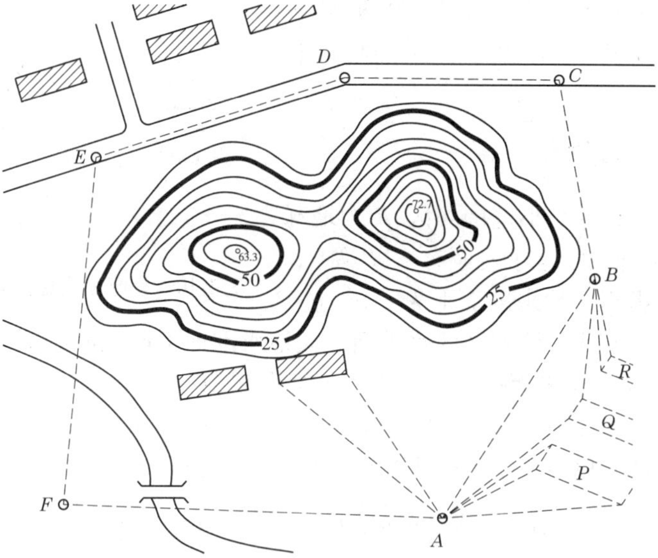

图 1-9 某测区地形图

通过上面的介绍可知,无论是测定还是测设,都是在控制点上进行的,由此得出测量工作的原则之一是“先控制后碎部”。

测量规范规定,测量控制网应由高级向低级分级布设。如平面三角控制网是按一等、二等、三等、四等和图根网的级别布设。而城市导线网是在国家一等、二等、三等、四等控制网下按一级、二级、三级和图根网的级别布设。一等网的精度最高,图根网的精度最低。控制网的等级越高,网点之间的距离就越大,点的密度也就越稀,控制范围也就越大;控制网的等级越低,网点之间的距离也就越小,点的密度也越密,控制的范围也就越小。如国家一等三角网的平均边长为 20 ~ 25 km,而城市一级导线网的平均边长为 300 m。由此可见,控制测量是先布设能控制大范围的高级网,再逐级布设次级网加密,因此将这种测量控制网的布设原则称为“从整体到局部”。测量工作的原则可以归纳为“从整体到局部,先控制后碎部”。遵循这一原则可以防止误差累积和便于分幅测图。

1.8 用水平面代替水准面的限度

在建筑工程测量中,由于测区范围小,或者工程对测量精度要求较低时,为了简化投影计算,常将椭球体面视为球面,甚至将球面视为平面,直接将地面点沿垂线投影到平面上,进行几何计算或绘图。但是,这样的替代是有限度的,即要求将椭球体面作为平面所产生的误差不要超过工程地形图和施工放样的精度要求。本节将要讨论水平面代替椭球体面对距离、角度和高程的影响。

如图1-10所示,设地面C点为测区中心点,P点为测区内任一点,两点沿铅垂线投影到大地水准面上的点分别为c点和p点。过c点作大地水准面的切平面,p点在切平面上的投影为p'点。图中大地水准面的曲率对水平距离的影响为$\Delta D = D' - D$,对高程的影响为$\Delta h = pp'$。下面讨论它们的计算公式。

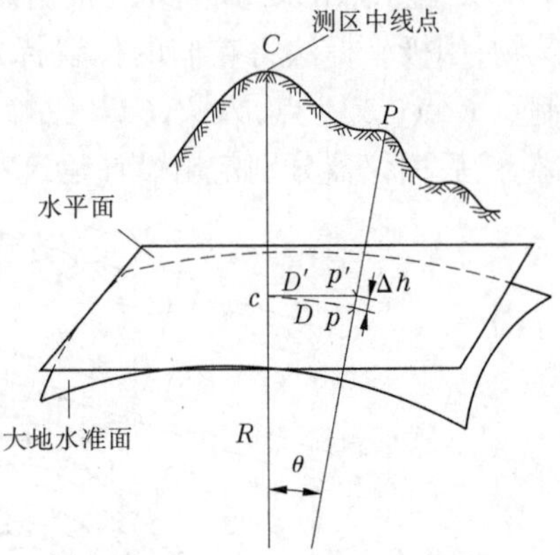

图1-10　切平面代替大地水准面的影响

1.8.1　对距离的影响

在地球表面上有一个小范围测区,R为地球半径,P为大地水准面,地球表面有C、P两点。该两点沿垂线投影到大地水准面上为c、p。过c点作切平面p'。用p'代替该测区的水平面。大地水准面上两点间距离为$cp = D$,在平面上的距离为$cp' = D'$。由平面代替曲面产生的误差为ΔD。

$$\Delta D = D' - D = R\tan\theta - R\theta = R(\tan\theta - \theta) \tag{1-6}$$

在小范围测区υ角很小。$\tan\upsilon$可用级数展开,略去五次方项,则

$$\Delta D = R\left[\left(\theta + \frac{1}{3}\theta^3 + \cdots\right) - \theta\right] = R\frac{\theta^3}{3} \tag{1-7}$$

用$\theta = \dfrac{D}{R}$代入,则

$$\Delta D = \frac{1}{3} \times \frac{D^3}{R^2}$$

$$\frac{\Delta D}{D} = \frac{1}{3} \times \left(\frac{D}{R}\right)^2 \tag{1-8}$$

取地球平均半径$R = 6\,371$ km。D用不同距离代入,计算结果如表1-2所示。

表1-2　用水平面代替大地水准面对距离的影响

D(km)	ΔD(cm)	$\Delta D/D$
1	0	—
10	0.82	1/1 200 000
20	6.57	1/300 000
25	12.83	1/190 000

计算表明两点相距10 km时,用平面代替曲面产生的长度误差为0.82 cm。相对误差为1/1 200 000,相当于精密测距的精度(1/1 000 000)。所以,在半径为10 km测区内,可以用平面代替大地水准面,其产生的距离投影误差可以忽略不计。

1.8.2　对高程的影响

用水平面代替大地水准面时,产生高程误差$pp' = \delta_h$,也称为地球曲率的影响。

$\triangle cpp'$中

$$\delta_h = \frac{D^2}{2R + \delta_h} \tag{1-9}$$

上式中因 δ_h 相对于 R 很小,故可以略去。D 用大地水准面上距离 S 代替,则

$$\delta_h = \frac{S^2}{2R} \tag{1-10}$$

对于不同 S,产生的高程误差如表 1-3 所示。

表 1-3　用水平面代替大地水准面对高程的影响

S(m)	10	50	100	150	200
δ_h(mm)	0	0.2	0.8	1.7	3.1

计算表明,地球曲率对高差影响较大,即使在不长的距离如 150 m,也会产生 1.7 mm 的高程误差,所以高程测量中应考虑地球曲率的影响。

思考题与练习题

1. 测量学的主要任务是什么?
2. 地球空间信息学(Geomatics)的含义是什么?
3. 地物、地貌和地形的概念。
4. 铅垂线、水准面、大地水准面、法线、参考椭球面、高程、绝对高程、大地高程、相对高程、高差的概念。
5. 地心坐标系和参心坐标系是什么? 工程中采用什么坐标系?
6. 铅垂线和法线不重合,它们的夹角称作什么?
7. 大地水准面有什么特点? 在测量中起什么作用?
8. 测量工作的基准面是什么? 测量计算的基准面是什么?
9. 测量上常用的坐标系统有几种? 各有什么特点?
10. 测量上的平面直角坐标和数学中的笛卡儿坐标有什么区别? 为什么这样规定?
11. 水准面和水平面有什么区别? 用水平面代替水准面对于测量基本工作有什么影响?
12. 某地大地经度为 105°17′,试计算它所在的 6°带和 3°带号及中央子午线经度是多少?
13. 测量工作应遵循的原则是什么? 为何要遵循这一原则?

第 2 章　水准测量

本章提要

本章重点介绍了水准测量原理，水准仪的使用，普通水准测量以及三、四等水准测量的方法和水准仪检验校正，水准测量误差来源、影响及消除方法和高程测设的方法。同时，还介绍了自动安平水准仪、精密水准仪、激光水准仪及数字水准仪的构造和使用方法。

2.1　水准测量原理

测定地面点高程的工作称为高程测量。高程测量按所使用的仪器和施测方法的不同，主要有水准测量、三角高程测量、GPS 测量和物理高程测量等。其中，物理高程测量又分为气压高程测量和液体静力水准测量。而水准测量则是高程测量中最精密、最主要的方法。其原理是利用一台能提供水平视线的仪器——水准仪，对竖立在地面上的两根水准尺进行读数，求得两点间的高差，通过一点高程推算出另一点的高程。其原理如图 2-1 所示。已知地面点 A 的高程 H_A 欲求地面点 B 的高程 H_B，为此在 A，B 两点上分别竖立水准尺。中间安置水准仪，根据水准仪提供的水平视线先后读出 A 点尺上的读数 a 和 B 点尺上的读数 b，由于观测顺序（前进方向）是由 A 点到 B 点，测量上规定，A 点为后视点，A 点上竖立的水准尺称为后视尺，后视尺上的读数为后视读数；B 点为前视点，B 点上竖立的水准尺称为前视尺，前视尺上的读数为前视读数。由原理图可以看出，B 点对 A 点的高差为

$$h_{AB} = a - b \tag{2-1}$$

即高差等于后视读数减去前视读数。

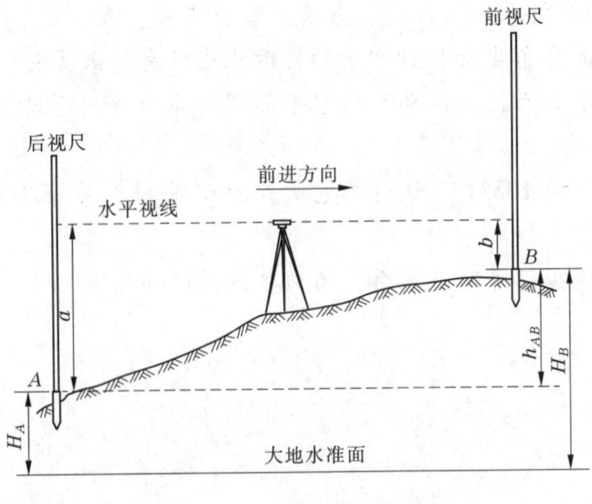

图 2-1　水准测量原理图

如已知 A 点高程 H_A，则 B 点高程为

$$H_B = H_A + h_{AB} \tag{2-2}$$

由式(2-1)可知，当 a 大于 b 时，高差为正，说明 B 点高于 A 点；当 a 小于 b 时，高差为负，说明 B 点低于 A 点。高差 h_{AB} 的下标符号是表示由 A 点推算 B 点的高差，而 h_{BA} 则表示 B 点推算 A 点的高差，因此在计算高程时，高差应连同符号一并运算。另外，式(2-2)亦可写成 $H_B = H_A + (a-b) = (H_A + a) - b$ 的形式。如令 $H_A + a = H_i$，即水准仪的视线高程，简称为视线高。则根据视线高计算前视点的高程称为仪高法。此时 B 点的高程可写为

$$H_B = H_i - b \tag{2-3}$$

工程测量中，在同一测站上，若需要观测若干个前视点的高程，用仪高法是较方便的。

当 A、B 两点相距较远、高差较大或遇障碍物视线受阻，安置一次仪器不能测得其间的高差时，必须分成若干站，逐站安置仪器连续观测，测得其总高差，从而推求出待测点的高程，如图 2-2 所示。设 A 点的高程已知为 H_A，现欲测量 B 点的高程 H_B，则可在 A、B 两点之间安置若干次仪器。逐站连续进行观测，根据水准测量的原理

$$h_1 = a_1 - b_1$$
$$h_2 = a_2 - b_2$$
$$\vdots$$
$$h_n = a_n - b_n$$

则
$$h_{AB} = h_1 + h_2 + \cdots + h_n = \sum a_i - \sum b_i = \sum h_i \quad (i = 1,2,\cdots,n)$$

而 B 点高程

$$H_B = H_A + h_{AB} \tag{2-4}$$

在图 2-2 中 1，2，3，…，n 各立尺点，既有前视读数又有后视读数，本身点的高程不需求得。这些点称为转点，它只起传递高程作用（即把 A 点高程传递到 B 点），常用 TP 表示，即 TP_1，TP_2，…，TP_n。在水准测量中，转点需倍加注意，否则会影响观测结果的质量。通常在这些转点上放置尺垫。

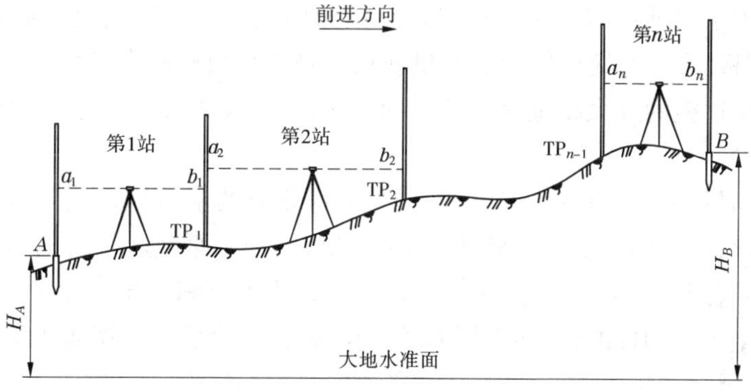

图 2-2　连续设站水准测量原理

2.2　水准仪、水准尺及尺垫

2.2.1　微倾式水准仪的基本构造

水准仪通常用符号“DS”表示，D 和 S 分别为“大地测量”和“水准仪”的汉语拼音的第一个字母。按其精度可分为 DS05、DS1、DS3 和 DS10 等型号。其种类有微倾式水准仪、自动安平水准仪、激光水准仪和电子水准仪等。由于微倾式水准仪在工程测量中最为常用，因此我们主要介绍微倾式水准仪。

图 2-3 是我国生产的 DS3 型微倾式水准仪的外形，DS3 的“3”表示这种水准仪进行水准测量时，每公里往、返测高差中数的偶然误差为 ±3 mm 。数字越小表明这种水准仪精度越高，数字越大表明精度越低。这种微倾式水准仪主要由望远镜、水准器和基座三个部分构成。下面具体介绍这三个部分。

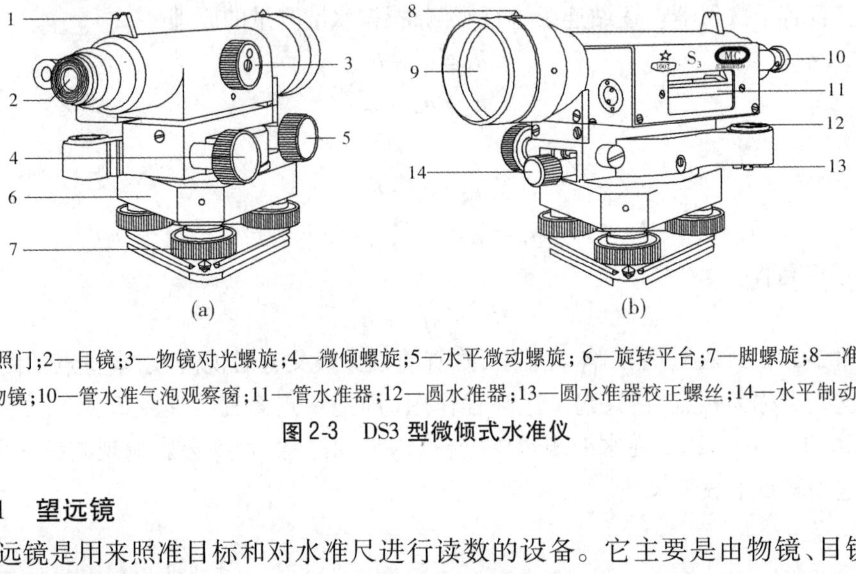

1—照门；2—目镜；3—物镜对光螺旋；4—微倾螺旋；5—水平微动螺旋；6—旋转平台；7—脚螺旋；8—准星；9—物镜；10—管水准气泡观察窗；11—管水准器；12—圆水准器；13—圆水准器校正螺丝；14—水平制动螺旋

图 2-3　DS3 型微倾式水准仪

2.2.1.1　望远镜

望远镜是用来照准目标和对水准尺进行读数的设备。它主要是由物镜、目镜、调焦镜、十字丝分划板、准星和缺口组成。准星和缺口是用来粗略照准目标的。图 2-4 是望远镜的结构图。望远镜的放大率通常用 V 表示。DS3 型水准仪的望远镜的放大率一般在 28 倍以上。

十字丝分划板是由一块平板玻璃做成的，上面刻有两根对径且互相垂直的细丝。竖直的一条称竖丝，水平的一条称为横丝(亦称中丝)。与水平横丝平行的上下两根短丝称为视距丝，是用来测定距离的。上、下视距丝分别称为上丝和下丝。十字丝交点与物镜光心的连线称为望远镜的视准轴，通常用 CC 表示，见图 2-4，是用来瞄准和读数的视线。

2.2.1.2　水准器

水准器是用来整平仪器的设备，分别有圆水准器和管水准器两种。圆水准器是用一个圆柱形的玻璃体装嵌在金属的框内，顶部玻璃的内壁磨成球面，中央刻有小圆圈，其圆心即圆水准器的零点，过零点作球心的法线，称为圆水准器轴，一般用 $L'L'$ 表示。国产 DS3

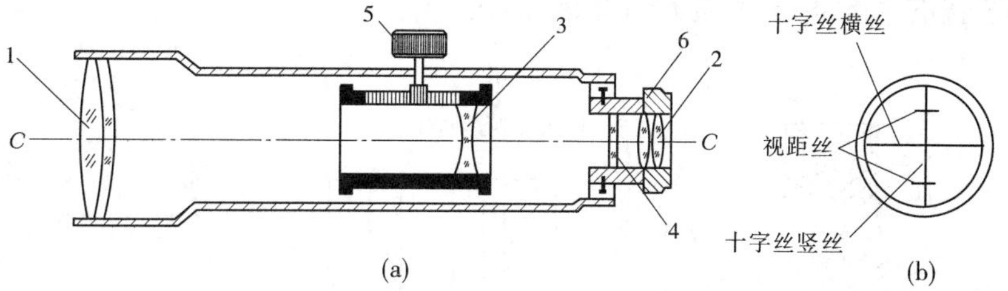

1—物镜;2—目镜;3—调焦透镜;4—十字丝分划板;5—物镜对光螺旋;6—目镜对光螺旋

图 2-4　望远镜的结构

型水准仪的圆水准器的分划值一般为 8′,见图 2-5。圆水准器安装在旋转轴平台上,其轴线与竖轴平行,当圆水准器气泡居中时,仪器的竖轴已基本处于铅垂位置,由于圆水准器的分划值较大,精度较低,故只用于粗略整平水准仪。

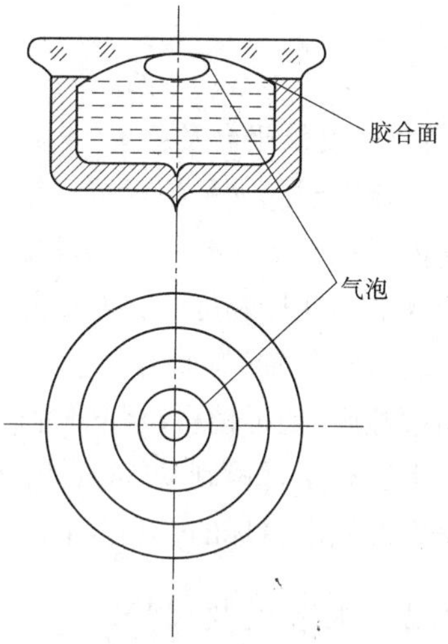

图 2-5　圆水准器

管水准器是一个内表面磨成圆弧的玻璃管。管内的充填物及气泡的形成与圆水准器相同。管内圆弧的中点为管水准器零点,过管水准器零点与圆弧相切的切线称为管水准器轴,一般以 LL 表示,见图 2-6(a)所示。管水准器是利用液体受重力作用后气泡居于高处的特性。当气泡的中心与管水准器的零点重合时,称气泡居中,此时管水准器轴也就处于水平位置。因管水准器零点向两侧分别刻有 2 mm 间隔的分划线,管上每 2 mm 的弧长所对的圆心角值,称为管水准器分划值,它是反映管水准器性能的重要指标,通常以 τ 表示,如图 2-6(b)所示。$\tau = 2\ \text{mm}\rho''/R$($\rho''$为 206 265″)。分划值越小,则灵敏度(即仪器整平的精度)越高。DS3 型水准仪的管水准器分划值一般为 20″/2 mm,如图 2-6(c)所示。水准仪上的管水准器与望远镜固连在一起,而管水准器的管水准器轴与望远镜的视准轴是互相平行的,为了得到一条水平视线,只需转动望远镜目镜端下面的微倾螺旋,使管水准器气泡居中,视线就水平了。为了提高管水准器气泡居中的精度,则在管水准器的上方安装了一组符合棱镜,利用棱镜的折光作用,使气泡两端的影像反映在直角棱镜上,如图 2-7 所示。因此,观测者可以很方便地从望远镜旁的小孔中直接观察到气泡两端的影像,当气泡两端各半个影像错开,表明气泡未居中,当气泡两端各半个影像符合一致时,则说明气泡居中。这种

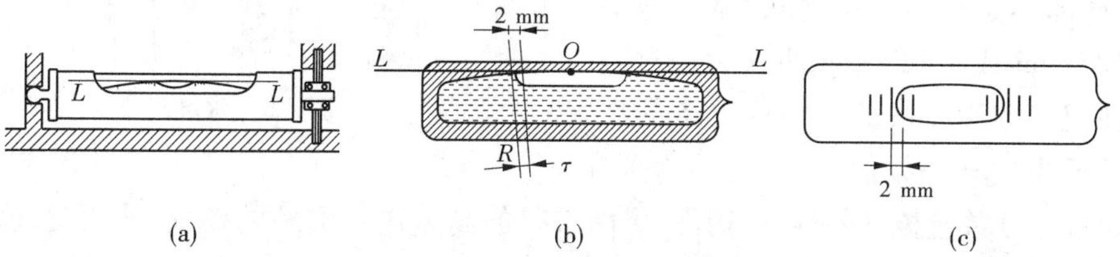

图 2-6　管水准器

具有棱镜装置的水准器,亦称为符合水准器。

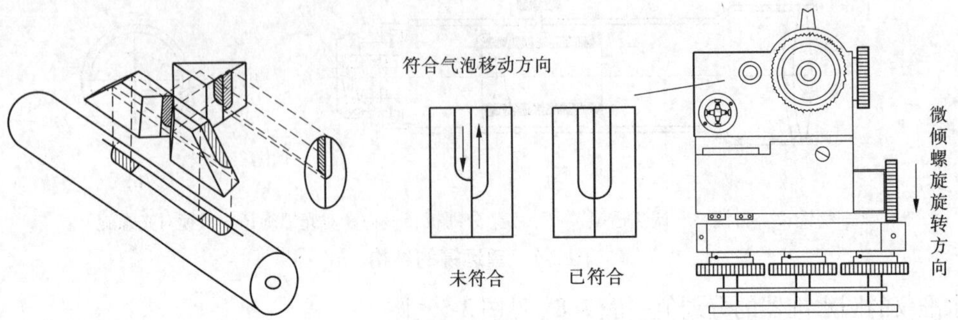

图 2-7　符合水准器

2.2.1.3　旋转平台及基座

旋转平台起支承望远镜在水平方向转动的作用。平台下部有一根竖轴,插入基座的轴套内。基座下面有三个脚螺旋和一块三角形托板,将水准仪装到三脚架上,从架头向底板旋入中心连接螺旋,可使水准仪和脚架连接在一起。转动脚螺旋,使圆水准器气泡居中,旋转轴(竖轴)即垂直。望远镜的物镜通过一块金属片与平台连接;转动靠近目镜端的微倾螺旋,望远镜可绕弹簧片微微俯仰,达到管水准器气泡居中(即视线水平)的目的。平台上还有望远镜制动螺旋和微动螺旋,以控制望远镜在水平方向的转动。微动螺旋是用来精确照准目标的,只有当制动螺旋旋紧后才起作用。

2.2.2　水准尺及尺垫

水准尺是水准测量的重要工具,其质量好坏直接影响水准测量的观测成果。因此,要求尺身正直,分划准确,注记清晰。水准尺常选用干燥且伸缩性小的优质木材制成。图 2-8为常用水准尺的几种型式:直尺、折尺、塔尺。另外,还有因瓦合金尺和条纹编码尺等。

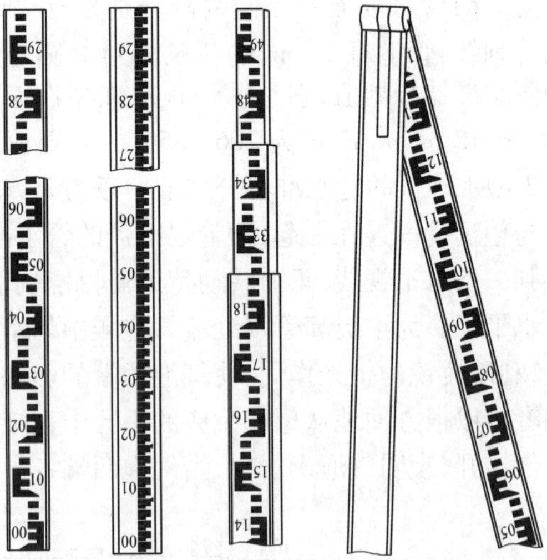

图 2-8　水准尺

直尺常为两面注记较多,长 3 m,每 1 cm 刻划一格。一面为黑白相间,底部从零开始,每分米注记数字,而另一面为红白相间,其底部不是从零开始,而为某一数值,如 4 687 mm 或 4 787 mm 两根为一对,其红面注记相差 100 mm;同一根尺子的红、黑面注记相差某一数值,其目的是为了在观测时进行读数检核,同时可利用红、黑面求得的高差进行测站的校核,从而提高水准测量的精度。

折尺是一种可以绕尺长中心对折的尺子,其长度通常有 3 m 和 4 m,为单面刻划,其刻划与直尺相同，为黑白相间，底部从零开始。折尺虽便于携带，但在折合处容易损坏。

塔尺是可以伸缩的，一般是由铝合金制成，分两节或三节套接在一起，全长为5 m，尺的底部为零点，黑白相间刻划，每隔1 cm或0.5 cm刻一格，塔尺在各节接合处容易松动和损坏，稳定性也较差。由于折尺和塔尺在其接合处容易松动和损坏，所以它们只适用于精度要求不高的等外水准测量和地形测量中。

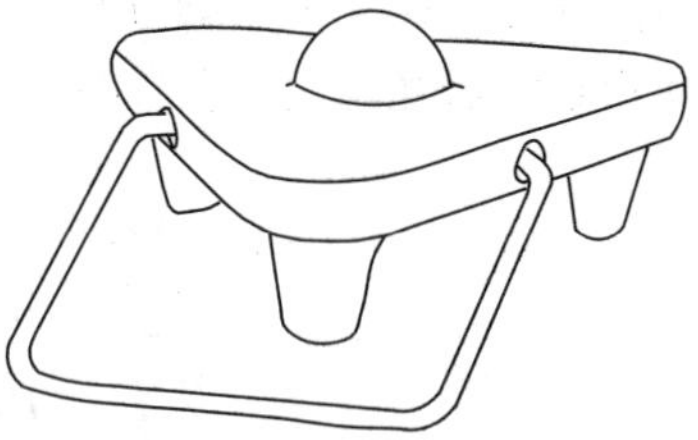

图2-9 尺垫

尺垫是用生铁铸成的，一般做成三角形或圆形，中央有一突起的半圆球顶（见图2-9），以便放置水准尺。尺垫下面有三个尖脚，便于踩入土中。在连续水准测量中，为防止水准尺下沉导致高程发生变化，除在已知点或待求点上不放置尺垫外，在各转点上的水准尺底部都应放置尺垫。

2.3 水准测量的一般方法

2.3.1 微倾式水准仪的使用方法

正确地使用水准仪是获得正确可靠的成果和提高工作效率的前提与保证。用水准仪进行测量的基本操作步骤一般为安置仪器、粗略整平、瞄准水准尺、精确整平和读数五步。

2.3.1.1 安置仪器

张开三脚架，此时应注意以下几点：①使任意两支脚架的方向与后、前尺观测方向大致一致；②使架头（架平面）大致水平；③使架头高度与观测者身高相适合（不能太高，也不能太低）。

把三脚架腿尖踩入土中，使三脚架稳定，然后，把水准仪从仪器箱中取出，放在三脚架头上，一手扶住仪器，一手用连接螺旋将水准仪连接在三脚架上。

2.3.1.2 粗略整平

粗略整平的目的是使水准仪的竖轴铅垂，望远镜的视准轴大致水平，它是通过调节三个脚螺旋，使圆水准器气泡居中来完成的。具体操作方法如下：松开制动螺旋，转动仪器，使圆水准器置于三个脚螺旋中任意两个脚螺旋一侧的中部，如图2-10所示，气泡移动与双手拇指运动方向一致，操作时注意圆水准器应在右手虎口上方。

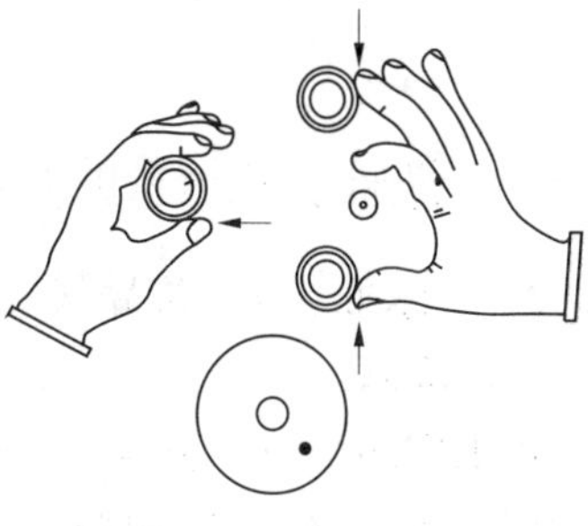

图2-10 粗略整平方法示意图

2.3.1.3 瞄准水准尺

首先转动目镜对光螺旋，使十字丝清晰。然后，松开制动螺旋，转动望远镜，利用望远镜上部的照门（缺口）和准星，瞄准水准尺（三点一线），旋紧制动螺旋。再转动对光螺旋（调焦螺旋），使水准尺成像清晰。此时，若水准尺的像不在视场中央，可转动微动螺旋，将其移至视场中央(最好让竖丝平分水准尺)。

物镜经对光后,将眼睛在目镜端上、下微微移动,若发现十字丝和水准尺影像之间有相对运动,这种现象称为视差。它直接影响观测成果的正确。产生视差的原因是水准尺的影像没有落在十字丝的分划板上(见图 2-11)。消除视差的方法是:反复仔细地调节目镜和物镜的对光螺旋,直至水准尺的影像与十字丝无相对移动。

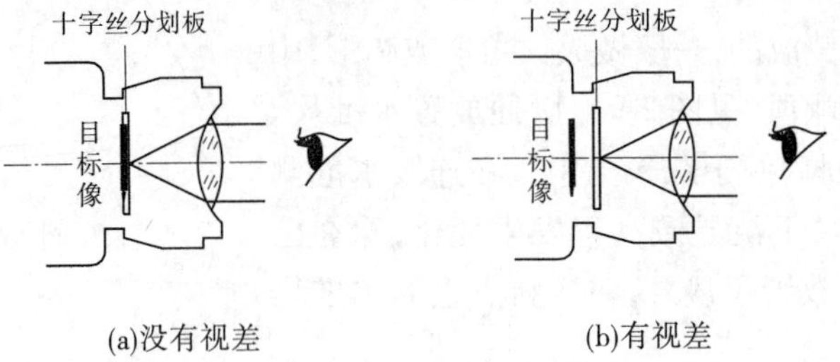

图 2-11　视差

2.3.1.4　**精确整平**

每次在水准尺上读数前,均应转动微倾螺旋,使管水准器气泡观察镜中所看到的两半气泡影像严密符合在一起,此时管水准器气泡精确居中。

2.3.1.5　**读数**

精确整平后,应立即用十字丝横丝在水准尺上读数,如图 2-12 所示。

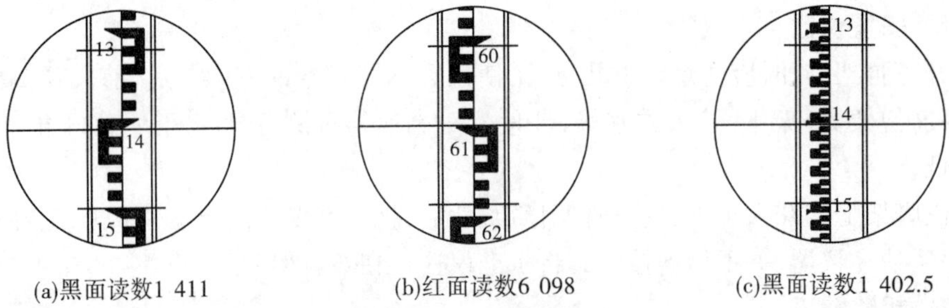

图 2-12　水准尺读数

2.3.2　普通水准测量的观测、记录和计算

2.3.2.1　水准点与水准路线

1. 水准点

用水准测量的方法测定的高程控制点称为水准点,简记为 BM。它们的表示方法:一般用罗马字母,在 BM 的脚标处标明等级,并用阿拉伯数字加注点的序号。为了统一全国的高程系统和满足各种工程建设的需要,由测绘部门在全国各地设置并测定各种等级的水准点,按精度的不同分为一、二、三、四等。它们的高程数据及点位资料,一般由各级测绘管理机构保存。不属于国家规定等级的水准测量称为普通水准测量或等外水准测量。

水准点有永久性和临时性两种。永久性水准点一般用混凝土制成上小下大的四棱柱形标石(多用于等级水准点)。标石顶部嵌有半球形的金属标志,表示该水准点的点位。标石可埋设在地表面或地表面以下且地基坚实稳固、便于长期保存和观测的地方。另外,永久性水准点也可以镶嵌埋设在坚固稳定的永久性建筑物的墙脚上,称为墙上水准点。临时性水准点可设在地面上突出的坚硬岩石以及房屋的台阶、勒脚等处,也可在地面打入木桩,在桩顶钉以半球形的金属钉,以示点位,如图 2-13 所示。

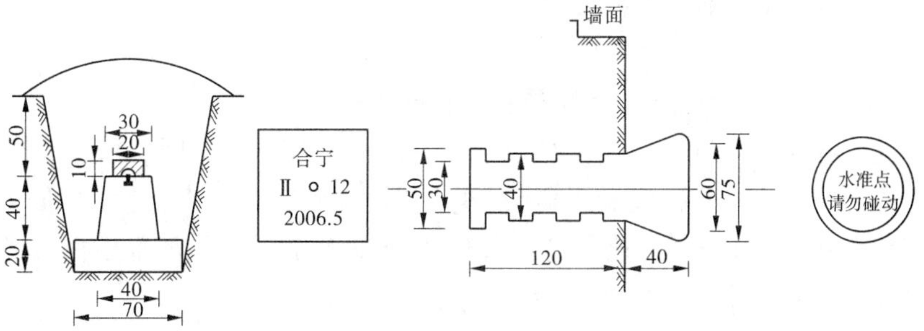

(a)混凝土普通水准标石 (b)墙角水准标志埋设

图 2-13 水准点 (单位:cm)

2. 水准路线

为了便于观测和计算,检查和发现水准测量中可能产生的错误,水准测量中必须要按一定的施测路线进行施测才能得以保证。这种施测路线就称为水准路线。另外,在水准路线上,每两个相邻水准点之间的线段称为一个测段,水准路线一般有以下三种形式。

1)附合水准路线

如图 2-14(a)所示,从一个已知的高级的水准点(BM_1)出发,沿各待定高程点 1、2、3…进行水准测量,最后测至另一水准点(BM_2),结束所构成的施测路线,称为附合水准路线。附合水准路线上各段高差的总和,理论上应等于两高级水准点之间的已知高差,据以检查水准测量是否存在错误或误差。

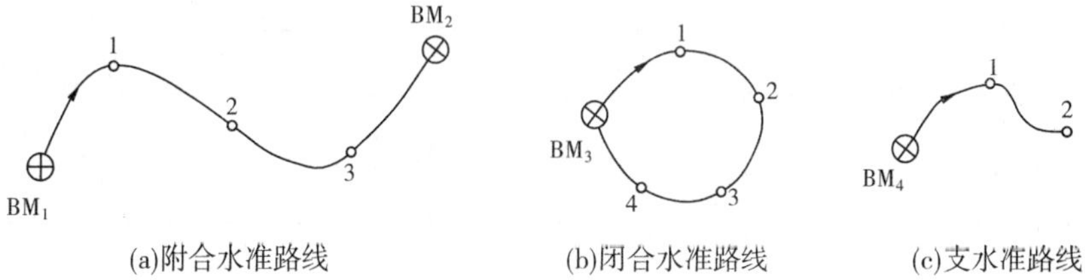

(a)附合水准路线 (b)闭合水准路线 (c)支水准路线

图 2-14 水准路线

2)闭合水准路线

如图 2-14(b)所示,从一个已知的高级的水准点(BM_3)出发,沿各待定高程点 1、2、3…进行水准测量,最后回到这个水准点(BM_3),这样所组成的环形闭合路线就称为闭合水准路线,由于闭合水准路线的起点和终点为同一点,因此所测各段高差的总和理论上应等于零,据以检查水准测量是否存在错误或误差。

3）支水准路线

如图 2-14(c)所示，从一个已知的高级的水准点（BM_4）出发，沿待定高程点 1、2 进行水准测量，其路线既不闭合也不附合，这种水准路线称为支水准路线。因而支线水准路线必须进行往返观测才能得以检核。很显然往测高差与返测高差理论上应该绝对值相等而符号相反。

2.3.2.2 普通水准测量的观测和记录

1. 观测和记录

普通水准测量的观测应按以下程序或步骤进行：

（1）首先应在起始水准点（已知高程或假定高程的水准点）上竖立水准尺作为后视。

（2）在施测路线上适当高度和距离（视线水平时能够看得到水准尺，水准仪离水准尺的距离最远不应超过 150 m）的地方安置水准仪，概略整平（粗平）照准后视尺，消除视差，精确整平，用中丝读数并记入手簿（见表 2-1）。

表 2-1 普通水准测量手簿

工程名称：ahsdxy　　仪　器：DS3　　天气：晴

观 测 者：× ×　　记录者：× ×　　日期：2005. 10. 12

测站	测点（立尺点）	水准尺中丝读数（mm）		每站高差（m）	高程（m）	说明
		后视	前视			
1	BM_{II-2}	1 864		+0. 412	**32. 682**	（已知）
	TP_1		1 452			
2	TP_1	1 745		+0. 413		
	TP_2		1 332			
3	TP_2	1 246		-0. 321		
	TP_3		1 567			
4	TP_3	1 434		+0. 468		
	临 1		966		33. 654	（待求点）
校核计算	Σ	6 289	5 317	+0. 972		

注：表中黑体为已知。

（3）在前进方向的另一适当高度和距离的地方选定一个转点，放置尺垫并将尺垫踩紧，在尺垫突起的半球顶上竖立另一根水准尺作为前视。

（4）松开制动螺旋，转动水准仪，照准前视尺，消除视差（此时不需再粗平），精确整平，用中丝读数并记入手簿（见表 2-1）。

（5）前视尺位置不动，变作后视，将原来的后视尺移到前面去，作为下一站的前尺。

（6）将水准仪移到前面适当高度和距离的地方，重复前面（2）、（3）、（4）步的操作即可。

2. 观测和记录时的注意事项

(1)在水准点(包括已知点和待测点)上立尺时,不能放置尺垫,尺垫只能放在转点上。

(2)竖水准尺时人应站在尺的后面,双手扶尺,不能左右偏斜,更不能前后俯仰。

(3)在观测员未搬迁测站之前,后视转点上的尺垫不能提动。

(4)前、后视距应大致相等(可用步测或目测确定)。

(5)记录和计算时要用2H以上的硬铅笔,且字迹要工整清晰,字长一般为半格左右,如因读错、听错而记错的数据应当杠去,将正确的数据记在它的上方,原始记录数据不能用橡皮擦,不能誊抄,更不能就字改字。

(6)搬迁测站时应将仪器扛于肩上,一条架腿在前,另两条架腿在后,尽量使仪器保持水平。

2.3.2.3 普通水准测量的计算

普通水准测量的计算即对各待测点高程的计算。在计算前应对外业观测手簿进行检查整理。每测段高差的计算结果应按公式 $\sum h = \sum a - \sum b$ 进行检核,以免发生错误。

1. 高差闭合差及允许值的计算

水准测量总会受到各种因素的影响而产生误差,导致我们所测的高差与水准路线的已知理论值不相符。而有一个差数,这个差数就称为高差闭合差,通常用 f_h 表示。各水准路线高差闭合差的计算分别如下

对于闭合水准路线: $$f_h = \sum h \tag{2-5}$$

对于附合水准路线: $$f_h = \sum h - (H_{终} - H_{始}) \tag{2-6}$$

对于支水准路线: $$f_h = \sum h_{往} + \sum h_{返} \tag{2-7}$$

由于我们所进行的水准测量中,高差闭合差的产生总是不可避免的,但如果高差闭合差的值不超过测量规范中规定的允许范围,那么,我们则认为水准测量的成果是符合精度要求的。《城市测量规范》(GJJ/T 8—2011)规定,在图根水准测量中,各路线高差闭合差的容许值,在平坦地区为

$$f_{h容} = \pm 40\sqrt{L} \quad (\text{mm}) \tag{2-8}$$

式中 L——以km为单位水准路线的长度。

在山地,每千米水准测量的站数超过16站时,为

$$f_{h容} = \pm 12\sqrt{n} \quad (\text{mm}) \tag{2-9}$$

式中 n——水准路线的测站数。

2. 高差闭合差的调整

对于闭合水准路线和附合水准路线,当高差闭合差在允许范围以内时,可以进行调整(即平差)。平差的方法是根据近似平差的理论进行的,即认为由于各站观测条件相同,则各站产生的误差相等,调整时给予每一测段的实测高差配赋一个相应的改正数 V_i,其大小应与测站数或测段长度成正比,符号则与高差闭合差的符号相反,使高差闭合差等于

零。改正数 V_i 可按下面两式进行计算

$$V_i = -\frac{f_h}{\sum n}n_i \tag{2-10}$$

或

$$V_i = -\frac{f_h}{\sum L}L_i \tag{2-11}$$

式中 $\sum n$——全线总站数；

n_i——每测段测站数；

$\sum L$——全线总长；

L_i——每测段长度。

由上面两式算出改正数后，按代数法加到各测段的实测高差中，即可求得各测段改正后的高差。

对于支水准路线，往测高差 $h_{往}$ 减去返测高差 $h_{返}$ 后取平均值，作为改正后往测方向的高差，也即有

$$h_i = \frac{h_{往} - h_{返}}{2} \tag{2-12}$$

3. 各待测点高程的计算

对于闭合水准路线和附合水准路线，应根据起点高程和各测段改正后的高差值，依次推算出各待测点高程，推算到终点时应和终点的已知高程相等。

对于支水准路线，应根据起点高程和各测段平均高差依次推算各待测点的高程。但由于终点没有已知高程可供校核，所以在推算时应更加认真仔细，一般应反复推算 2～3 次，以免出错。

下面以一条附合水准路线为例来介绍各待测点高程的推算过程。如图 2-15 所示，$BM_{Ⅲ-5}$ 和 $BM_{Ⅲ-6}$ 分别是两个三等的已知高程水准点。各起点数据和实测结果如图 2-15 中所示。高差闭合差的计算、调整以及高程的计算按表 2-2 进行。

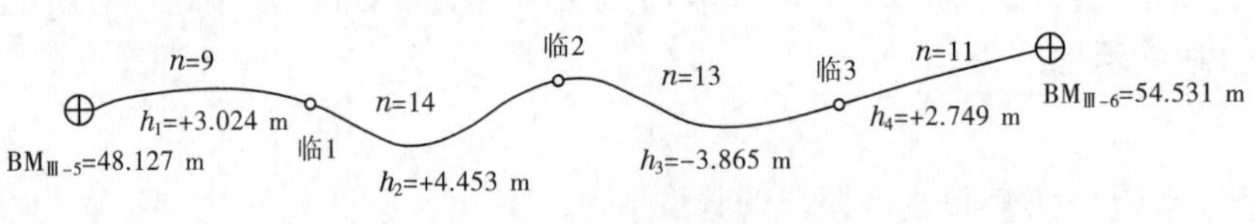

图 2-15　附合水准路线算例略图

首先将起算数据（点号、测站数、已知高程）和实测高差填入表上相应的 1，2，3，6 栏目中。然后进行高差闭和差和允许值的计算。

$$f_h = \sum h - (H_{终} - H_{始}) = +6.361 - (54.531 - 48.127) = -0.043(\text{m})$$

$$f_{h允许} = \pm 12\sqrt{n} = \pm 12\sqrt{47} = \pm 82(\text{mm})$$

显然，$f_h \leqslant f_{h允许}$，说明观测成果符合要求，接下来进行高差闭合差的调整，先计算出每一测站的改正数。

$$\frac{-f_h}{\sum n}=-(-\frac{43}{47})=+0.91(\mathrm{mm})$$

表 2-2　附合水准路线高差闭合差调整与高程计算

点号	测站数	实测高差（m）	高差改正数（m）	改正后高差（m）	高程（m）	说明
1	2	3	4	5	6	7
$BM_{Ⅲ-5}$					**48.127**	
	9	**+3.024**	+0.008	+3.032		
临 1					51.159	
	14	**+4.453**	+0.013	+4.466		
临 2					55.625	
	13	**−3.865**	+0.012	−3.853		
临 3					51.772	
	11	**+2.749**	+0.010	+2.759		
$BM_{Ⅲ-6}$					**54.531**	
Σ	47	+6.361	+0.043	+6.404		

注：表中黑体为已知。

再将 +0.91 mm 分别乘以各测段的测站数，即可得到各测段的高差改正数 V_i，每一测段的改正数分别为

$$V_1=0.91\times9=+8\ (\mathrm{mm})$$
$$V_2=0.91\times14=+13\ (\mathrm{mm})$$
$$V_3=0.91\times13=+12\ (\mathrm{mm})$$
$$V_4=0.91\times11=+10\ (\mathrm{mm})$$

每一测段的改正数应凑整为整毫米，且改正数总和应与闭合差绝对值相等、符号相反，并以此作为计算检核。将改正数填入表中第 4 栏，并将各测段实测高差加上相应的改正数，便得到各测段改正后的高差，将改正后的高差分别填入表中第 5 栏，改正后的各测段高差代数和应等于两已知点之间高差，据以检查高差改正计算是否有误。最后用改正后的各测段高差推算各待测点高程。算得终点的高程应等于已知高程，以此作为最后的检核。

需要注意：改正数或高差改正的计算结果，乃至以后的角度、坐标等计算结果均应按“4 舍 6 入 5 看奇数入，奇进偶不进”的法则进行取舍，其中的“偶”也包括“零”在内。此处的高差改正数和高差计算结果按此法则取至小数点后第 3 位（即取至毫米即可）。例如 0.006 5 m，应取成 0.006 m；如果是 0.005 5 m，也应取成 0.006 m。最后由于凑整，可

能会使改正后高差的代数和与理论值或已知值有 1 mm 的出入，这时应将其分配到测站数最多或距离最长的一段。

使用 Excel 计算表 2-2 的结果如图 2-16 所示，第 1、2 行用作表题，第 3、4 行用作标题栏，在 A 列输入点名，B 列输入测站数，C 列输入实测高差，D 列为高差改正数的计算，E 列为改正后高差的计算，F 列为高程的计算，G 列输入备注，其中在 F3 输入 $BM_{Ⅲ-5}$ 点的高程，在 F7 输入 $BM_{Ⅲ-6}$ 点的高程。计算操作步骤如下：

	A	B	C	D	E	F	G
1–2	附合水准路线高差闭合差调整与高程计算						
3–4	测点	测站数	实 测 高 差 (m)	高差改正数 (m)	改正后的高差 (m)	高 程 (m)	备注
5	$BM_{Ⅲ-5}$					**48.127**	
6		**9**	**3.024**	0.008	3.032		
7	临1					51.159	
8		**14**	**4.453**	0.013	4.466		
9	临2					55.625	
10		**13**	**-3.865**	0.012	-3.853		
11	临3					51.772	
12		**11**	**2.749**	0.010	2.759		
13–14	$BM_{Ⅲ-6}$					**54.531**	
15–16	Σ	47	6.361	0.043	6.404		
17	辅助计算			校核计算	6.404	54.531	
18			高差闭合差	-0.043			
19			高差闭合差的允许误差	0.082267855			
20			每站改正数	0.000914894			

图 2-16　使用 Excel 进行水准测量成果的计算

(1)在 B15 单元格输入公式“ =SUM(B6:B12)”计算路线总测站数；

(2)在 B15 单元格拖动该单元格右下角的填充句柄至 E 列，计算出 15 行的总和；

(3)在 BC18 输入“高差闭合差”，在 D18 单元输入公式“ =C15 -(F13 -F15)”计算出高差闭合差；

(4)在 BC19 输入“高差闭合差的允许误差”，在 D19 单元输入公式“ =12 * SQRT(B15)/1 000”计算出高差闭合差的允许误差；

(5)在 BC20 输入“每站改正数”，在 D20 单元输入公式“ = -D18/B15”计算出每站改正数；

(6)在 D6 单元输入公式“=D $20 * B6”，拖动该单元格右下角的填充句柄向下填充至 D12，计算出每测段改正量；

(7)在 E6 单元输入公式“ =C6 +D6”，拖动该单元格右下角的填充句柄向下填充至 E12，计算出改正后高差；

(8)在 F7 单元输入公式“ =E6 +F5”，拖动该单元格右下角的填充句柄向下填充至 F11，计算出各个高程；

(9)D17 输入“校核计算”，在 E17 单元输入公式“ =F13 +F5”，在 F17 单元输入公式“ =F11 +E12”计算结果应与 E15 和 F13 的数值相同。

2.4 三、四等水准测量

三、四等水准测量除用于国家高程控制网的加密外，还用于建立基本高程控制测量。三、四等水准点的高程一般应从附近的一、二等水准点引测，若测区内或附近没有国家一、二等水准点，可建立测区独立基本高程控制网。现将这两个等级水准测量的主要技术要求列于表 2-3。

表 2-3 三、四等水准测量测站的技术要求

等级	水准仪型号	视线高度	视线长度(m)	前后视距差(m)	前后视距累积差(m)	红黑面读数差(mm)	红黑面高差之差(mm)	附合环线闭合差(mm)	
								平原	山区
三	DS3	三丝读数	≤65	≤±3	≤±6	≤±2	≤±3	$\pm 12\sqrt{L}$	$\pm 4\sqrt{n}$
四	DS3	三丝读数	≤80	≤±5	≤±10	≤±3	≤±5	$\pm 12\sqrt{L}$	$\pm 6\sqrt{n}$

2.4.1 四等水准路线的选择和水准点设置

水准点应选在土质坚实、观测方便和便于长期保存的地点，需长期保存的永久性水准点，应采用混凝土标石，埋冻土层以下，掩土护盖，并绘制水准点。只需短期保存的水准点，可在固定建筑物或岩石上刻注标记。在水准路线上应每隔 2～6 km 埋设一个水准点。

2.4.2 四等水准测量的观测程序和记录方法

四等水准测量常用仪器为 DS3 型水准仪和带红、黑双面的水准标尺。作业之前，要对水准仪和水准尺进行检验，在作业中为抵消因水准尺磨损而造成的标尺零点差，要求每一水准测段的测站数目应为偶数站。四等水准观测应在标尺分划线成像清晰稳定时进行，若成像不好，应酌情缩短视线长度。

在每一测站上按以下观测顺序进行，读数填入记录表 2-4 中的相应位置。

(1)后视水准点上的黑面尺，读取下、上、中丝读数①、②、③；

(2)后视红面尺，读取中丝读数④；

(3)前视黑面尺，读取下、上、中丝读数⑤、⑥、⑦；

(4)前视红面尺，读取中丝读数⑧。

以上①，②，…，⑧表示观测与记录的顺序。因此，四等水准测量采用的程序可简称为“后—后—前—前”法或“黑—红—黑—红”法。观测结束后，就可进行测站上的计算。如果所有计算满足表 2-3 中的技术要求，可迁站前进，否则应重新观测。

三等水准测量观测程序为“后—前—前—后”法或“黑—黑—红—红”法。记录表格

同四等的记录表格，但因观测程序与四等不同，各基本数据在表格中的位置也有所不同，而计算与检校的方法与四等是相同的；最后的限差规定比四等水准测量更严格一点，见表2-3。

表2-4　三、四水准测量观测记录表

测站编号	后视点名 前视点名	后尺下丝 后尺上丝 后视距	前尺下丝 前尺上丝 前视距	视距差 d $\sum d$（m） 测站长	方向及尺号	水准尺读数		K＋黑－红（mm）	高差中数（m）
						黑面（mm）	红面（mm）		
		（1）	（5）	（11）	后	（3）	（4）	（14）	
		（2）	（6）	（12）	前	（7）	（8）	（15）	（19）
		（9）	（10）	（13）	后－前	（17）	（18）	（16）	
	BM_3	**1 614**	**0774**	1.0	后	**1 384**	**6 171**	＋0	
1	TP_1	**1 156**	**0326**	1.0	前	**0551**	**5 239**	－1	＋0.832 5
		45.8	44.8	90.6	后－前	＋0.833	＋0.932	＋1	
	TP_1	**2 188**	**2 252**	1.2	后	**1 934**	**6 622**	－1	
2	TP_2	**1 682**	**1 758**	2.2	前	**2 008**	**6 796**	－1	－0.074 0
		50.6	49.4	100.0	后－前	－0.074	－0.174	＋0	
	TP_2	**1 922**	**2 066**	－0.5	后	**1 726**	**6 512**	＋1	
3	TP_3	**1 529**	**1 668**	1.7	前	**1 866**	**6 554**	－1	－0.141 0
		39.3	39.8	79.1	后－前	－0.140	－0.042	＋2	
	TP_3	**2 041**	**2 220**	－1.1	后	**1 832**	**6 520**	－1	
4	TP_4	**1 622**	**1 790**	0.6	前	**2 007**	**6 793**	＋1	－0.174 0
		41.9	43.0	84.9	后－前	－0.175	－0.273	－2	
	TP_4	**1 531**	**2 820**	－1.5	后	**1 304**	**6 093**	－2	
5	BM_4	**1 075**	**2 349**	－0.9	前	**2 585**	**7 271**	＋1	－1.279 5
		45.6	47.1	92.7	后－前	－1.281	－1.178	－3	

注：表中黑体为水准测量时读取的观测值。

2.4.3　测站计算

2.4.3.1　视距计算

后视距：（9）＝100×（（1）－（2））

前视距：（10）＝100×（（5）－（6））

后、前视距差：（11）＝（9）－（10）

后、前视距累积差：（12）＝上站（12）＋本站（11）

测站长：（13）＝（9）＋（10）

2.4.3.2 **同一水准尺黑、红面中丝读数的检核**

黑、红面读数差。同一水准尺红、黑面中丝读数之差，应等于该尺的尺常数 K（红面的起始读数，一般为 4 687 和 4 787），其差值为

后视尺：(14) = (3) + K − (4)。

前视尺：(15) = (7) + K − (8)。

2.4.3.3 **高差计算**

黑面所测高差：(17) = (3) − (7)。

红面所测高差：(18) = (4) − (8)。

黑、红面高差之差：(16) = (17) − (18) ± 100 = (14) − (15)。其中 100 为单、双号两根水准尺常数之差，以 mm 为单位。

高差中数：$(19)=\frac{1}{2}[(17)+(18)\pm 100]$。

2.4.4 三、四等水准测量成果处理

水准测量成果处理是根据已知点高程和水准路线的观测高差，求出待定点的高程值。前面介绍的水准测量成果处理方法是一种近似的成果处理方法，它不能用于三、四等水准测量的成果处理。因为《城市测量规范》（CJJ/T 8—2011）规定，各等级高程控制网应采用条件平差或间接平差进行成果计算，条件平差或间接平差是符合最小二乘法原理的严密平差的方法，因三、四等水准测量成果处理的方法已经超出本教材的范围，如果需要，可以使用平差计算软件如武汉大学测绘学院开发的“科傻”软件，南方测绘公司的“平差易”软件和启飞软件公司的“导线测量平差”软件进行计算。

2.5 微倾式水准仪的检验与校正

2.5.1 水准仪的轴线及其应满足的条件

如图 2-17 所示，水准仪的主要轴线有望远镜视准轴 CC、管水准器轴 LL，圆水准器轴 $L'L'$ 和仪器竖轴 VV。

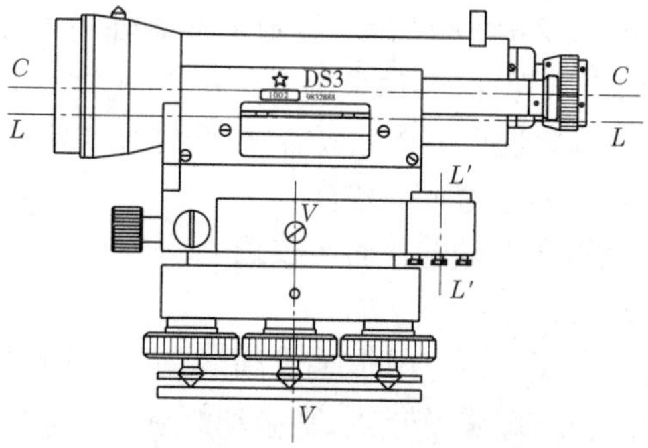

图 2-17 水准仪的轴线

为使水准仪能正确工作，水准仪的上述轴线应满足以下条件：

(1)圆水准轴平行于竖轴，即 $L'L' /\!/ VV$；

(2)十字丝中横丝垂直于竖轴；

(3)管水准器轴平行于视准轴，即 $LL /\!/ CC$。

2.5.2 水准仪的检验与校正

仪器出厂前都经过严格检查，均能满足条件，但经过长期使用或震动，轴线间的关系会受到破坏。为此，测量之前必须对仪器进行检验和校正。

2.5.2.1 圆水准器的检验与校正

(1)检验目的：让仪器竖轴 VV 与基准线吻合。

(2)检验方法：首先用脚螺旋使圆水准器气泡居中，此时圆水准器轴 $L'L'$ 处于竖直位置。如图 2-18(a)所示，若仪器竖轴 VV 与 $L'L'$ 不平行，且夹角为 δ，也就是竖轴倾斜了 δ 角。将仪器绕竖轴 VV 旋转 180°，如图 2-18(b)所示，此时位于竖轴左边的圆水准器轴 $L'L'$ 不但不竖直，而且与基准线的夹角为 2δ，显然气泡不居中，说明仪器不满足 $L'L' /\!/ VV$ 的几何条件，需要校正。

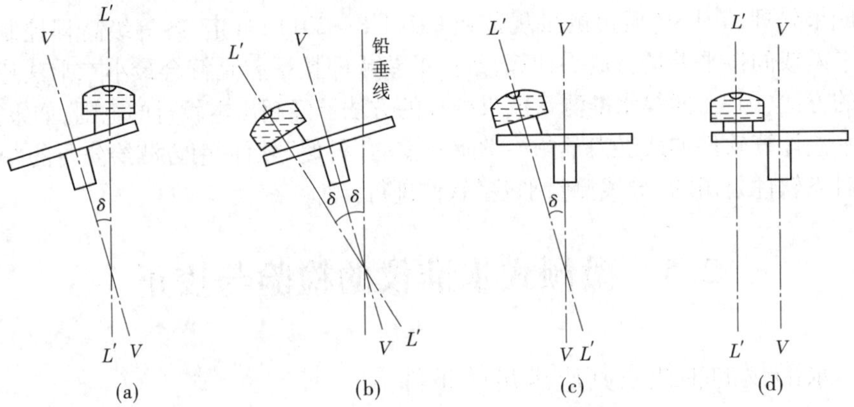

图 2-18 圆水准器轴检验与校正原理

(3)校正方法：首先调节脚螺旋让圆水准器气泡向中间移动偏移量的一半，此时仪器的竖轴已处于铅直位置，如图 2-18(c)所示，但圆水准器轴还处在倾斜位置；再稍松位于圆水准器下面中间部位的固紧螺丝，然后调整其周围的三个校正螺丝(见图 2-19)，使气泡居中，如图 2-18(d)所示。此校正工作一般需反复进行，直到仪器旋转到任何位置时圆水准器气泡均居中，最后应注意旋紧固紧螺丝。

2.5.2.2 十字丝的横丝垂直于竖轴的检验与校正

(1)检验目的：读数方便、正确。

(2)检验方法：首先安置好仪器，用十字丝横丝的一端对准一个明细的小点 P，如图 2-20(a)所示；然后固定制动螺旋，转动水平微动螺旋。如果目标点 P 沿横丝移动，如图 2-20(b)所示，则说明横丝垂直于竖轴 VV，不需要校正。否则，如图 2-20(d)所示，则需要校正。

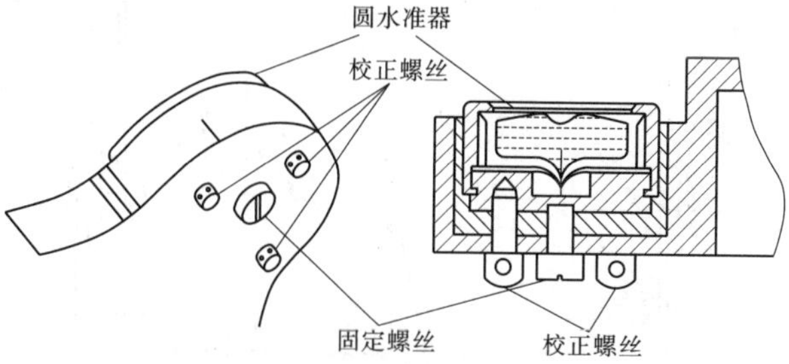

图 2-19 圆水准器的校正螺丝

(3)校正方法:旋下十字丝分划板护罩,如图 2-20(e)所示。用螺丝刀松开四个压环螺丝,如图 2-20(f)所示,按横丝倾斜的反方向转动十字丝分划板组件,再进行检验。如果 P 点始终在横丝上移动,则表明横丝已经水平,最后拧紧四个压环螺丝。

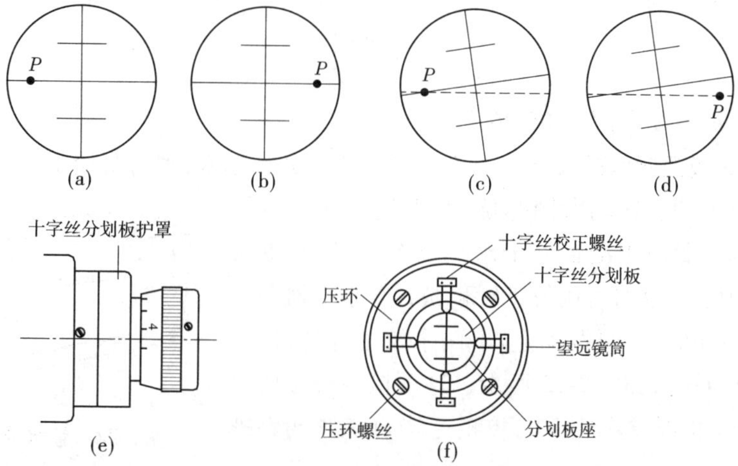

图 2-20 十字横丝的检验与校正

2.5.2.3 管水准器轴平行于视准轴的检验与校正

(1)检验目的:让视线水平。

(2)检验方法。

①条件:在较平坦的地面上选 A、B 两点打上木桩,在木桩顶部按上图钉;用钢尺量取 AB 的长度,得其中点 C。

②在 C 点安置水准仪,精确测定 A、B 两点的高差 h_{AB},需进行测站检核,若两次测出的高差之差不超过 3 mm,则取其平均值 h_{AB} 作为最后结果,由于距离相等,两轴不平行的误差 x 可在高差计算中消除,故所得高差值不受视准轴误差的影响,如图 2-21 所示。

③安置仪器于 B 点附近,离 B 点 2 ~ 3 m,精平后读得 B 点水准尺上的读数为 b_2,因仪器离 B 点很近,两轴不平行引起的读数误差可忽视不计。故根据 b_2 和 A、B 两点的正确高差 h_{AB} 算出 A 点尺上应有读数为

$$a_2 = b_2 + h_{AB}$$

然后,瞄准 A 点水准尺,读出水平视线读数 a',如果与 a_2 相等,则说明两轴平行。否

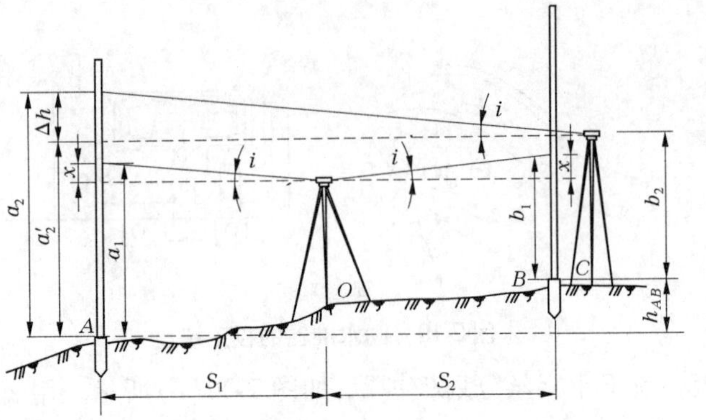

图 2-21　管水准器轴平行于视准轴的检验

则，存在 i 角，其值为

$$i=\frac{\Delta h}{D_{AB}}\rho''$$

式中　$\Delta h=|a'_2-a_2|,\rho''=206\ 265'',D_{AB}=S_1+S_2$。

对于 DS3 级微倾水准仪，i 角值不得大于 20″，如果超限，则需要校正。

(3)校正方法。转动微倾螺旋，使中丝对准 A 点尺上正确读数 a_2，此时视准轴处于水平位置，但管水准气泡必然偏离中心。这时可用校正针稍松开管水准器一端的左右两颗校正螺丝，再拨动上、下两个校正螺丝，使气泡的两个半像符合，如图 2-22 所示。这项检验校正要反复进行，直至 i 角误差小于 20″，校正完毕再旋紧四颗螺丝。

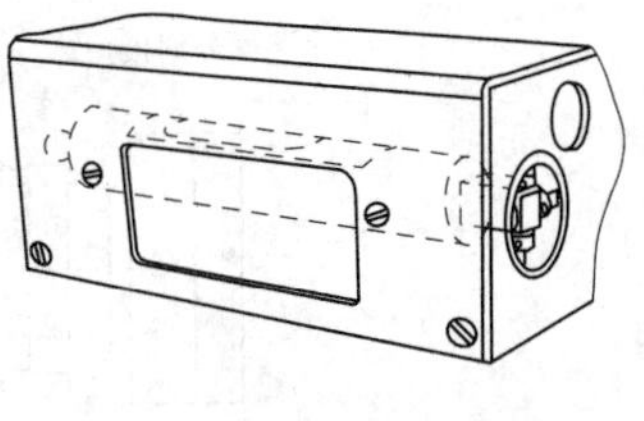

图 2-22　管水准器的校正

2.6　水准测量的误差及消减方法

在测量工作中，如果作业人员疏忽大意就容易发生错误，这也叫粗差，如读错、听错、写错、算错等。但是，只要我们工作认真、仔细，这些错误是完全可以避免的。而观测仪器自身构造的不精确或检校的不完善，观测者感觉器官局限以及观测时外界各因素的干扰会使得测量成果中总包含有误差，这是不可避免的。如何防止、减弱或消除各种误差，使我们的各项观测结果的精度提高、满足要求，是我们每一位测量工作者应该重视、研究的重要课题。下面我们对水准测量中的几项主要误差来源及消减的方法加以分析和研究。

2.6.1　仪器及工具误差

2.6.1.1　水准仪管水准器轴不平行于视准轴

水准仪的管水准器轴不平行于视准轴是水准测量时的最主要误差，当管水准器气泡居中时，视准轴却处于倾斜位置，从而使水准尺上的读数产生误差。仪器离水准尺的距离越远，引起的误差也越大。对于这种误差的影响，只要在观测时尽可能地将仪器安置于前、后视水准尺的中间(中点法),即可减少此项误差。

2.6.1.2 水准尺误差

1. *水准尺刻划误差及尺长误差*

水准尺表面刻划不准确、尺长变化或尺身弯曲等都会影响读数的精度,特别是当水准测量精度要求较高时,对水准尺自身的精度要求也较高,对此项误差的消减方法是:测量者对水准尺要进行检定,选用符合要求的水准尺。

2. *水准尺零点误差*

水准尺长期使用会使底部钢片磨损或松动,这就相当于改变了水准尺的零点位置,这称为水准尺的零点误差。在测量过程中,如果以两根水准尺交替进行且使每一测段的测站数为偶数,就可以消减此项误差。

2.6.2 观测误差

2.6.2.1 管水准器气泡居中误差

我们在进行读数时,如果管水准器气泡没有精确居中,则管水准器轴将有一微小倾角,从而引起视准轴不水平而产生误差,这种误差在前、后视读数中一般不相等,也不能在计算时相互抵消。

例如,设管水准器分划值 $\tau = 20''$,视线长度为 150 m,如果气泡偏离半格,装有符合水准器的水准仪精度提高 1 倍,则由于管水准器气泡不居中而引起的读数误差为

$$\delta_{居} = (0.5 \times 20'' \times 0.5/206\,265'') \times 150 \times 10^3 \approx 3.75(\text{mm})$$

这样大的误差是不允许的。因此,为了消减此项误差的影响,要求每次读数前一定要使管水准器气泡严格居中,且气泡居中后应立即在水准尺上读数。

2.6.2.2 读数误差

读数误差是指在水准尺上估读毫米值的误差。此项误差与水准仪望远镜的放大倍率以及水准仪到水准尺的距离有关。由于一般人类分辨角度的极值为 60″,望远镜的放大倍率为 30 倍,视线长度为 150 m,由此引起的读数误差为

$$\delta_{读} = (60''/30/206\,265'') \times 150 \times 10^3 \approx 1.50(\text{mm})$$

这项误差只有通过控制视距,削弱这一误差的影响,因此规范规定普通水准测量视距不能超过 150 m,四等水准测量视距不能超过 80 m,三等水准测量视距不能超过 65 m。

2.6.2.3 水准尺的倾斜误差

如果读数时水准尺倾斜,不论前倾、后仰,其读数总比竖直时要大,此项误差与尺子倾斜程度以及视线高度有关。例如,当尺子倾斜角为 3°,尺上读数为 2 m 时,如图 2-23 所示,此时将产生约 2.7 mm 的误差。因此,要想减小此项误差,扶尺人就一定要认真地尽量将尺子扶直,有些水准尺上安装有圆水准器,扶尺时要注意使圆水准器气泡居中,如没有圆水准器,特别是在读数超过 2 m 或在有一定坡

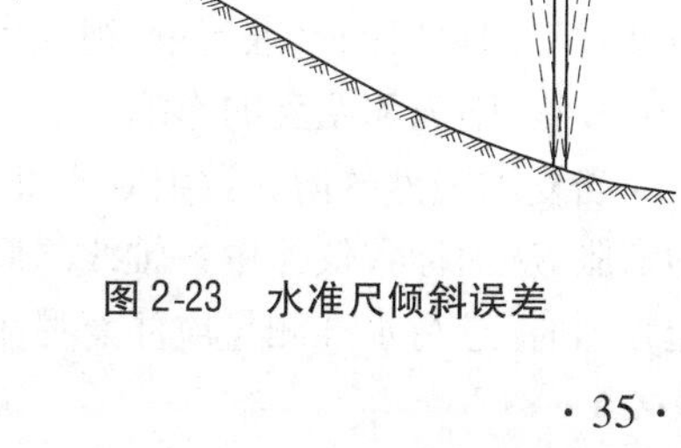

图 2-23 水准尺倾斜误差

度的山坡上扶尺，可将水准尺前后徐徐摇动，即摇尺法，观测者读取一个最小的读数。

2.6.3 外界因素的影响

2.6.3.1 地球曲率的影响

如图 2-24 所示，大地水准面是一个曲面，如果水准仪的视线与大地水准面平行，对 A、B 两地面点上水准尺的读数为 a 和 b，那么正确的高差应为 $h=a-b$；但观测时是利用水准仪提供的水平视线进行读数的，即应该是 a' 和 b'，因此 a' 与 a、b' 与 b 之差就是受地球曲率影响而导致的误差。很显然，水准仪离水准尺距离越长，引起的误差也就越大。如果水准仪至 A、B 两点距离相等，即都等于 D 时，则 $a'-a=b'-b=c=D^2/(2R)$。于是，地球曲率的影响在计算高差时就可以相互抵消，即 $h=a-b'=(a+c)-(b+c)=a-b$。可见，在水准测量时应尽量将水准仪安置于两根尺子中间（中点法），可消减此项由于地球曲率的影响而带来的误差。

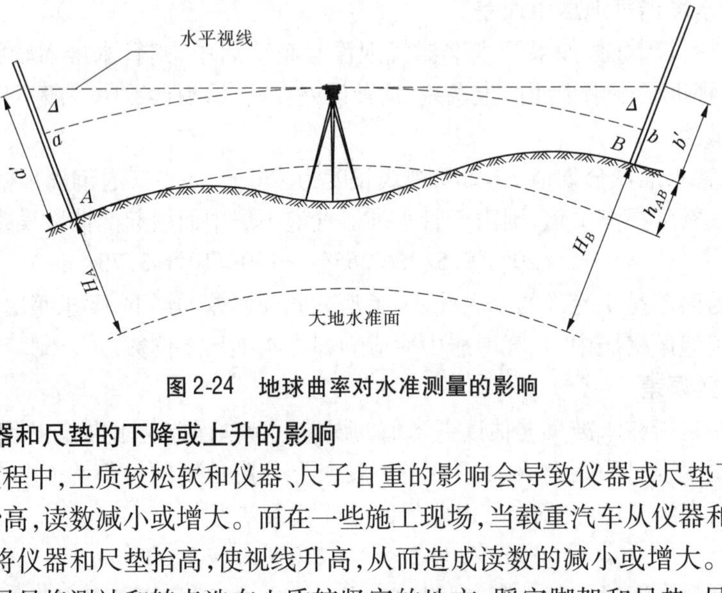

图 2-24 地球曲率对水准测量的影响

2.6.3.2 仪器和尺垫的下降或上升的影响

在观测过程中，土质较松软和仪器、尺子自重的影响会导致仪器或尺垫下沉，从而使视线降低或抬高，读数减小或增大。而在一些施工现场，当载重汽车从仪器和尺垫附近经过时，往往可将仪器和尺垫抬高，使视线升高，从而造成读数的减小或增大。消减此类误差的方法是：尽量将测站和转点选在土质较坚实的地方，踩实脚架和尺垫，尽快地进行观测，同时在每次读数后应将水准尺移离尺垫，待观测时再放上。

2.6.3.3 大气折光的影响

由于地面以上空气层的密度不均匀，而光线通过不同密度的空气层时，将会产生折射现象，称为大气折光。大气折光一般较小，可忽略不计，但在强烈的阳光直射下，地面的温度较高，靠近地面处的空气温度与密度的变化也较大，导致靠近地面处的大气折光的影响也较大，因此消减此项误差的方法是使视线距地面要有一定的高度，一般为 0.3 m 以上，另外对不同等级的水准测量，视线离开的高度应按规范中的规定实施。

2.6.3.4 阳光和温度的影响

当夏季强烈的阳光照射到水准仪上时，仪器中各部件会因受热不均匀而引起不规则的膨胀，从而导致仪器中各轴线之间位置关系不正确，使观测产生误差。因此，在夏季阳光强烈时，进行水准测量应注意撑伞遮阳，以防强烈阳光的直接照射。

2.7 自动安平水准仪

自动安平水准仪的特点是只有圆水准器,用自动补偿装置代替了管水准器和微倾螺旋,使用时只要水准仪的圆水准气泡居中,使仪器粗平,十字丝读数便是视准轴水平的读数。其优点如下:由于无需精平、操作简单,因此可以大大加快水准测量的速度;另外,减少了外界条件(如地面微小震动,仪器的不规则下沉,风力和温度变化)对测量成果的影响,从而提高了水准测量的精度。因此,自动安平水准仪在各种精度等级的水准测量中应用越来越普及,并将逐步取代微倾式水准仪。图 2-25 为苏州一光公司生产的 DZS3 - 1 型自动安平水准仪的外形,各部件名称见图中的标注。

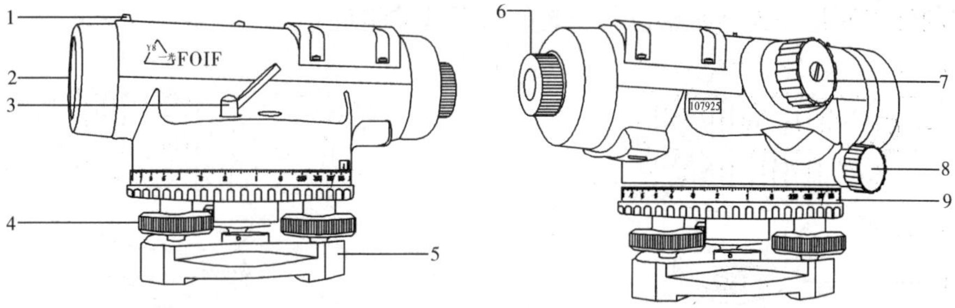

1—准星;2—物镜;3—圆水准器反光镜;4—脚螺旋;5—基座;
6—目镜;7—物镜对光螺旋;8—水平微动螺旋;9—刻度盘

图 2-25 苏一光 DZD3 - 1 自动安平水准仪

自动安平的原理如图 2-26 所示。当视准轴水平时,设在水准尺上的正确读数为 a,因为没有管水准器和微倾螺旋,依据圆水准器将仪器粗平后视准轴相对于水平面将有微小的倾斜角 α。如果没有补偿器,此时在水准尺上的读数设为 a';当在物镜和目镜之间设置有补偿器后,进入到十字丝分划板的光线将全部偏转 β 角,使来自正确读数 a 的光线经过补偿器后正好通过十字丝分划板的横丝,从而读出视线水平时的正确读数。

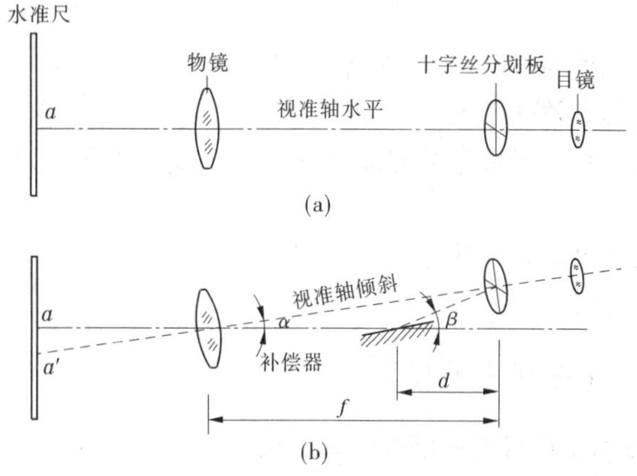

图 2-26 视线安平原理

自动安平水准仪的使用与微倾式水准仪的基本操作大致相同。首先利用脚螺旋使圆水准器气泡居中,然后将望远镜瞄准水准尺,即可直接用十字丝横丝进行读数。为了检查补偿器是否起作用,可稍微转动一下脚螺旋,看尺上读数是否有变化,如尺上读数无变化,则说明补偿器处于正常的工作状态,否则要进行修理。另外,补偿器中的金属吊丝相当脆弱,使用时要防止剧烈震动和保证仪器正直,以免损坏。

2.8 精密水准仪与精密水准尺

图 2-27 是徕卡新 N3 微倾式精密水准仪,各部件名称见图中注记。精密水准仪主要用于国家一、二等水准测量和高精度的工程测量,例如建筑物、构筑物的沉降观测,大型桥梁工程的施工测量和大型精密设备安装的水平基准测量等。

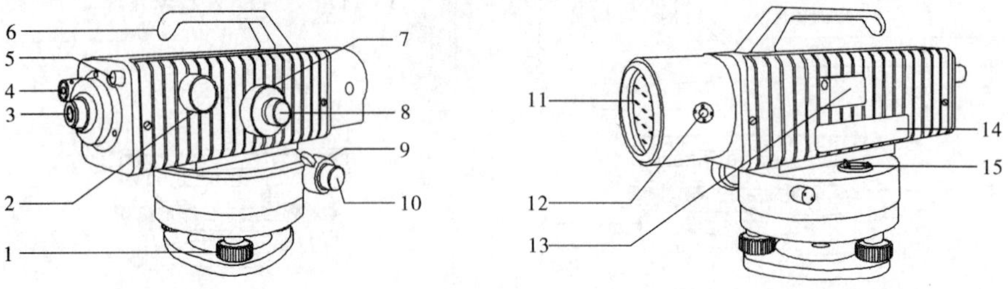

1—脚螺旋;2—物镜调焦螺旋;3—目镜;4—测微尺与管水准气泡观察窗;5—微倾螺旋行程指示器;
6—手柄;7—平板玻璃测微螺旋;8—微倾螺旋;9—制动螺旋;10—微动螺旋;11—物镜;
12—平板旋转轴;13—圆水准器观察装置;14—管水准器照明窗口;15—圆水准器

图 2-27 徕卡新 N3 微倾式精密水准仪

2.8.1 精密水准仪的特点

与 DS3 普通水准仪比较,精密水准仪的特点如下:

(1)望远镜的放大倍数大,分辨率高,如规范要求 DS1 不小于 38 倍,DS05 不小于 40 倍;

(2)管水准器分划值为 10″/2 mm,精平精度高;

(3)望远镜的物镜有效孔径大,亮度好;

(4)望远镜外表材料一般采用受温度变化小的因瓦合金钢,以减小环境温度变化的影响;

(5)采用平板玻璃测微器读数,读数误差小;

(6)配备精密水准尺。

2.8.2 精密水准尺(铟瓦水准尺)

精密水准尺是在木质尺身的凹槽内引张一根因瓦合金钢带,其中零点端固定在尺身上,另一端用弹簧以一定的拉力将其引张在尺身上,以使因瓦合金钢带不受尺身伸缩变形的影响。长度分划在因瓦合金钢带上,数字注记在木质尺身上,精密水准尺的分划值有

10 mm 和 5 mm 两种。图 2-28(a)为徕卡公司生产的与新 N3 精密水准仪配套的精密水准尺。因为新 N3 的望远镜为正像望远镜,所以水准尺上的注记也是正立的。水准尺全长约 3.2 m,在因瓦合金钢带上刻有两排分划,右边一排分划为基本分划,数字注记为 0 ~ 300 cm,左边一排分划为辅助分划,数字注记为 300 ~ 600 cm,基本分划与辅助分划的零点相差一个常数 301.55 cm,称为基辅差或尺常数。水准测量作业时,用以检查读数是否存在粗差。

图 2-28(b)为蔡司公司生产的与 Ni004 精密水准仪配套的精密水准尺,国产精密水准仪也使用这种水准尺。因为 Ni004 的望远镜为倒像望远镜,所以水准尺上的注记是倒立的。水准尺的分划值为 0.5 cm,只有基本分划而无辅助分划,左边一排分划为奇数值,右边一排分划为偶数值;右边注记为 m 数,左边注记为 dm 数;小三角形表示半 dm 数,长三角形表示半 dm 起始线。由于将 0.5 cm 的分划间隔注记为 1 cm,所以尺面上注记值为实际长度的两倍,故用此水准尺观测的高差需除以 2 才等于实际高差值。其读数原理与 N3 相同。

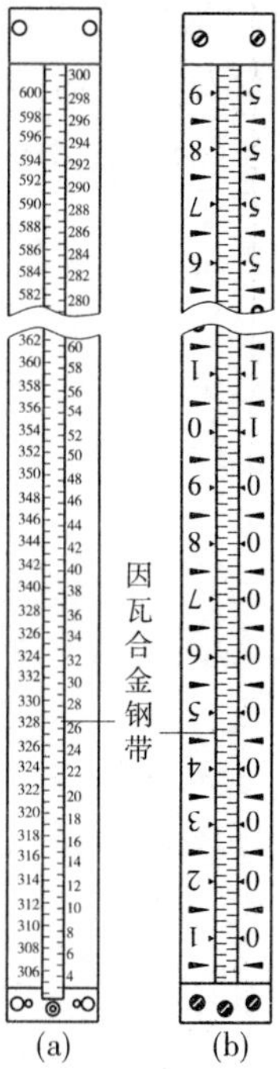

图 2-28　精密水准尺

2.8.3　徕卡 N3 精密水准仪及其读数原理

新 N3 微倾式精密水准仪,每千米往、返测高差中数的中误差为 ±3 mm 为了提高读数精度,精密水准仪上设有平板玻璃测微器,N3 的平板玻璃测微器的结构见图 2-29。

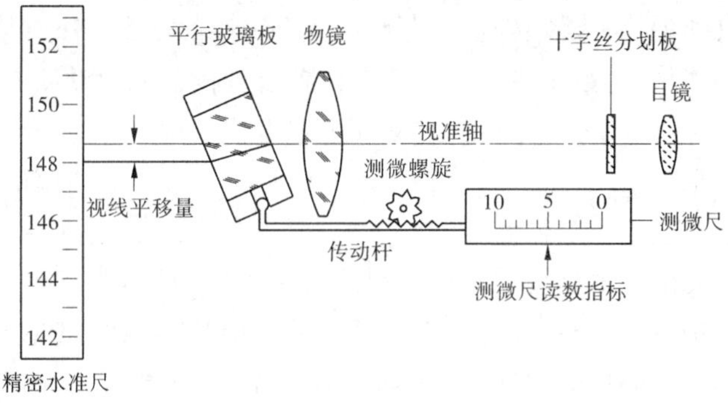

图 2-29　N3 的平板玻璃测微器结构

N3 的平板玻璃测微器由平板玻璃、测微尺、传动杆和测微螺旋等构件组成。平板玻璃安装在物镜前,它与测微尺之间用带有齿条的传动杆连接,当旋转测微螺旋时,传动杆带动平板玻璃绕其旋转轴作偏低倾斜。视线经过倾斜的平板玻璃时,产生上下平行移动,可以使原来并不对准水准尺上某一分划的视线能够精确对准某一分划,从而读到一个整分划读数(图 2-29 中的 148 cm 分划),而视线在尺上的平行移动量则由测微尺记录下来,测微尺的读数通过光路成像在测微尺读数窗内。旋转 N3 的平板玻璃,可以产生的最大视线平移量为 10 mm,它对应测微尺上的 100 个分格,因此测微尺上 1 个分格等于 0.1 mm。将标尺上的读数加上测微尺上的读数,就等于标尺的实际读数。如图 2-30 所示的读数为 148 + 0.655 = 148.655(cm) = 1.486 55 m。

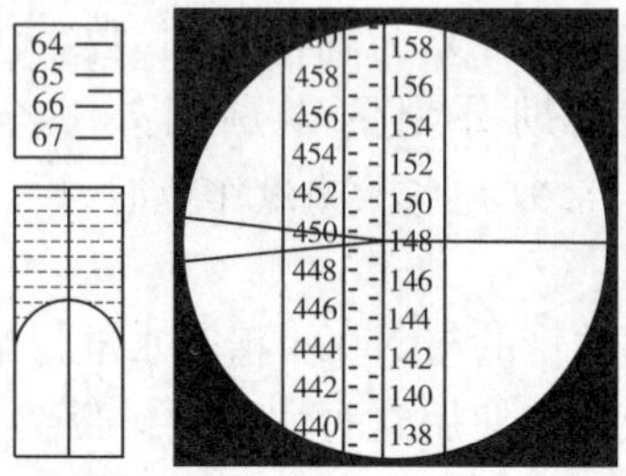

图 2-30　N3 的望远镜视场

2.9　数字水准仪与条码水准尺

数字水准仪是在仪器望远镜光路中增加了分光镜和光电探测器(CCD 电荷耦合器件)等部件,采用条形码分划水准尺和图像处理电子系统构成光、机、电及信息存储与处理的一体化水准测量系统。与光学水准仪比较,数字水准仪的特点如下:①用自动电子读数代替人工读数,不存在读错、记错等问题,没有人为读数误差;②精度高,多条码(等效为多分划)测量,削弱标尺分划误差,自动多次测量,削弱外界环境变化的影响;③速度快、效率高,实现自动记录、检核、处理和存储,可实现水准测量从外业数据采集到最后成果计算的内外业一体化;④数字水准仪一般是设置有补偿器的自动安平水准仪,当采用普通水准尺时,数字水准仪又可当作普通自动安平水准仪使用。

2.9.1　数字水准仪的原理

数字水准仪的关键技术是自动电子读数及数据处理,目前各厂家采用了原理上相差较大的三种数据处理算法方案,如徕卡 NA 系列采用相关法,蔡司 DiNi 系列采用几何法,拓普康 DL 系列采用相位法,这三种方法各有优劣。图 2-31 为采用相关法的徕卡 NA3003 数字水准仪的机械光学结构图。当用望远镜照准标尺并调焦后,标尺上的条形码影像入射到分光镜上,分光镜将其分为可见光和红外光两部分,可见光影像成像在分划板上,供目视观测;红外光影像成像在 CCD 线阵光电探测器上(探测器长约 6.5 mm,由 256 个口径为 25 μm 的光敏二极管组成,一个光敏二极管就是线阵的一个像素),探测器将接收到的光图像先转换成模拟信号,再转换为数字信号传送给仪器的处理器,通过与机内事先存储好的标尺条形码本源数字信息进行相关比较,当两信号处于最佳相关位置时,即可获得水准尺上的水平视线读数和视距读数,最后将处理结果存储并送往屏幕显示。

2.9.2 条码水准尺

与数字水准仪配套的条码水准尺一般为因瓦带尺、玻璃钢或铝合金制成的单面或双面尺，形式有直尺和折叠尺两种，规格有 1 m、2 m、3 m、4 m、5 m 几种，尺子的分划一面为二进制伪随机码分划线（配徕卡仪器）或规则分划线（配蔡司仪器），其外形类似于一般商品外包装上印制的条纹码，图 2-32 为与徕卡数字水准仪配套的条码水准尺，它用于数字水准测量；双面尺的另一面为长度单位的分划线，用于普通水准测量。

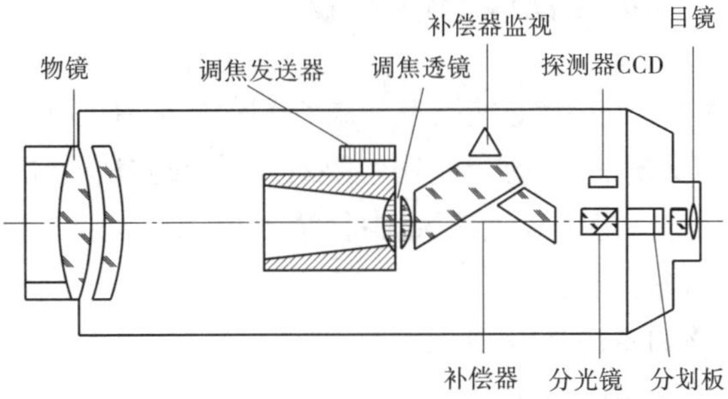

图 2-31 徕卡 NA3003 数字水准仪的机械光学结构图

图 2-32 条码水准尺

2.9.3 徕卡 DNA03 中文精密数字水准仪简介

1990 年，徕卡在世界上首次推出了第一代精密数字水准仪 NA3003，现在又在 NA3003 的基础上推出了第二代精密数字水准仪 DNA03，如图 2-33 所示。其中，销往中国市场的 DNA03 的显示界面全部为中文，同时内置了适合我国测量规范的观测程序。DNA03 的主要技术参数如下：

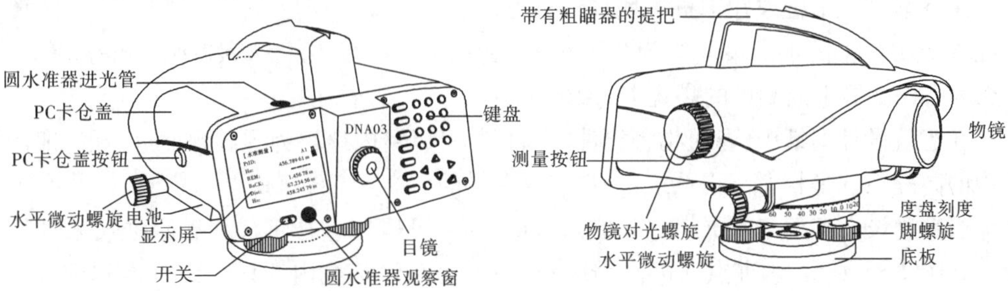

图 2-33 徕卡 DNA03 中文精密水准仪

精度：0.3 mm/km（采用因瓦水准尺）。

最小读数：0.01 mm。

测距精度：1 cm/20 m。

内存：可以存储 1 650 组测站数据或 6 000 个测量数据。

补偿器：磁性阻尼补偿器。

补偿范围：±8′。

补偿精度：±0.3″。

单次测量时间：3 s 。

GEB 电池：连续测量 12 h。

仪器通过 RS232C 接口与计算机通信。为确保外业观测数据的安全，DNA03 上还有一个与普通数码相机通用的 PCMCIA 闪存卡插槽，可以插入下一个 PCMCIA 卡，备份内存中的观测数据。

2.10 高程测设的方法

高程测设的任务是，将设计高程测设在指定桩位上。高程测设主要在平整场地、开挖基坑、定路线坡度和定桥台桥墩的设计标高等场合使用。高程测设的方法有水准测量法和全站仪三角高程测量法，水准测量法一般是采用视线高程法进行测设。

如图 2-34 所示，已知水准点 A 的高程为 $H_A = 12.345$ m，欲在 B 点测设出某建筑物的室内地坪高程（建筑物的 ±0.000）为 $H_B = 13.456$ m。将水准仪安置在 A、B 两点的中间位置，在 A 点竖立水准尺，读取 A 尺上的读数设为 $a = 1.567$ m，则水准仪的视线高程为

$$H_i = H_A + a = 12.345 + 1.567 = 13.912(\mathrm{m})$$

在 B 点竖立水准尺，设水准仪瞄准 B 尺的读数为 b，则 b 应满足方程 $H_B = H_i - b$，由此求出 b 为

$$b = H_i - H_B = 13.912 - 13.456 = 0.456(\mathrm{m})$$

用逐渐打入木桩或在木桩一侧划线的方法，使立在 B 点桩位上的水准尺读数为 0.456 m。此时，B 点的高程就等于欲测设的高程 13.456 m。

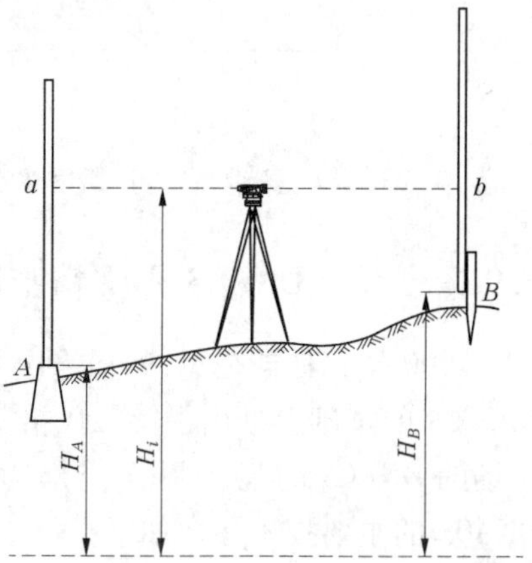

图 2-34　视线高程法测设高程

在建筑设计图纸中，建筑物各构件的高程都是以室内地坪为零高程面进行的，即建筑物内的高程系统是相对高程系统，一楼室内地坪的标高是 ±0.000。

当欲测设的高程与水准点之间的高差很大时，可以用悬挂钢尺代替水准尺来进行测设。如图 2-35 所示，水准点 A 的高程已知，为了要在深基坑内测设出设计高程 H_B，在深基坑一侧悬挂钢尺（尺的零端在下，并挂一个重量约等于钢尺检定时拉力的重锤）代替一根水准尺。先在地面上的图示位置安置水准仪，读取 A 点水准尺上的读数为 a_1，钢尺上的读数为 b_1；将水准仪移至基坑内安置在图示位置，读取钢尺上的读数为 a_2，假设 B 点水准尺上的读数为 b_2，则有下列方程成立

$$H_B - H_A = h_{AB} = (a_1 - b_1) + (a_2 - b_2) \tag{2-13}$$

由此解出 b_2 为

$$b_2 = a_2 + (a_1 - b_2) - h_{AB} \tag{2-14}$$

用逐渐打入木桩或在木桩一侧划线的方法，使立在 B 点桩位上的水准尺读数为 b_2。

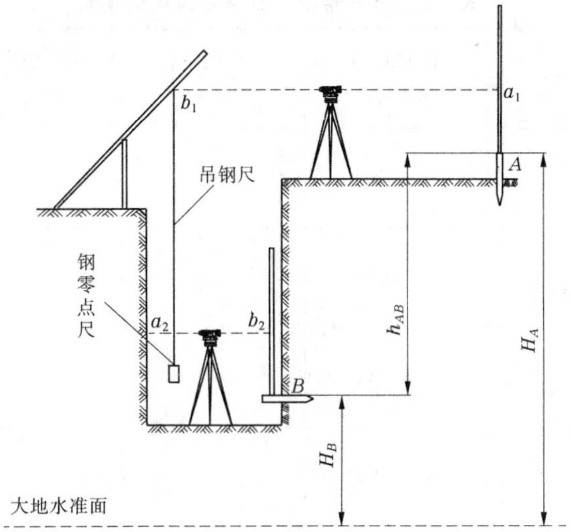

图 2-35　测设深基坑内的高程

此时，B 点的高程就等于欲测设的高程 H_B。

思考题与练习题

1. 名词解释：视准轴、管水准器轴、管水准器分划值、转点、水准点、视线高、十字丝视差。

2. 水准仪有哪些操作螺旋？各起什么作用？

3. 在水准测量中，尺垫的作用是什么？在什么点上应放置？什么点上不应放置？

4. 正确使用水准仪有哪些操作步骤？请简述各操作步骤的要点。

5. 何谓视差？视差产生的原因是什么？它对测量成果有无影响？应如何消除？

6. 在水准测量中，为什么要求每一测站的后视、前视距离应尽可能相等？

7. 试述水准仪的各轴线的几何关系，其中哪项关系最为重要？

8. 在水准测量中，当在一测站上读完后视读数后，转动望远镜瞄准前视尺时，圆水准器气泡有少许的偏移。请问此时是否需要重新转动脚螺旋，使圆水准器气泡居中，然后再精平，消除视差，读取前视读数？为什么？

9. 水准测量的主要误差有哪些？分别应采取什么方法和措施加以消减？

10. 表 2-5 为一附合水准路线的观测成果，试在表格中或使用 Excel 计算 A、B、C 三点的高程。

11. 已知 A 点高程 $H_A=28.265$ m，附近有一 B 点为待测点。现将水准仪安置于 A、B 两点间，视线水平，消除视差后，分别读取 A 点尺上读数为 1.436 m，B 点尺上的读数为 0.943 m，试绘出示意图并计算出 h_{AB} 和 H_B。

12. 试述三、四等水准测量在每个测站上的观测方法，以及在一个测站上主要限差规定。

表 2-5　某一附合水准路线的观测成果

点名	测站数	观测高差 h_i(m)	改正数 V_i(m)	改正后高差 h'_i(m)	高程 H(m)
$BM_{Ⅳ-1}$					**123. 456**
	9	−4. 769			
A					
	7	3. 387			
B					
	5	−4. 134			
C					
	11	−7. 789			
$BM_{Ⅳ-2}$					**125. 678**
Σ					
辅助计算	$H_{终}-H_{始}=$ $f_h=$ $f_{h容}=$ 数每一站高差改正数 $=\dfrac{1}{总站数}\times f_h$				

13. 试将图 2-36 两站四等水准测量的观测数据正确填入表格内，如符合四等水准测量的观测要求，试计算出两站的高差，并根据已知点 *A* 的高程计算出 *B* 点高程。其中，已知 $H_A=26.432$ m。

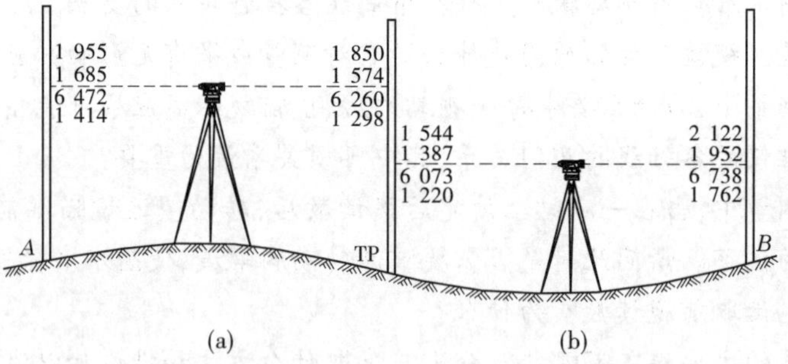

图 2-36

第 3 章　角度测量

本章提要

本章主要介绍了角度测量的概念、原理和方法，DJ6 型光学经纬仪的构造、使用方法和检验校正，以及角度测量误差的来源和消减方法，最后介绍了电子经纬仪的测量方法和水平角的测设方法。

3.1　角度测量原理

在测量工作中，为了确定地面点的位置，往往需要测量两种不同的角度，即水平角和天顶距(或竖直角)，角度测量所用的仪器为经纬仪。角度测量是测量的基本工作之一，为此我们必须先搞清楚各角度的概念以及角度测量的原理。

3.1.1　水平角的概念及测量原理

地面上两条相交直线垂直投影在水平面上的夹角，称为水平角，一般用 β 表示。如图 3-1所示，设 A、O、B 为地面上任意三点，将三点沿铅垂线方向投影到水平面上得到 A'、O'、B'三点，则直线 $O'A'$与直线 $O'B'$的夹角 β 即为地面上 OA 与 OB 两方向线间的水平角。为了测量水平角，应在过 O 点的上方水平地安置一个有刻度的圆盘，称为水平度盘；水平度盘的中心应位于过 O 点的铅垂线上；另外，经纬仪还必须有一个能够瞄准远方目标的望远镜；望远镜应可以在水平面和铅垂面内旋转，通过望远镜分别瞄准高低不同的目

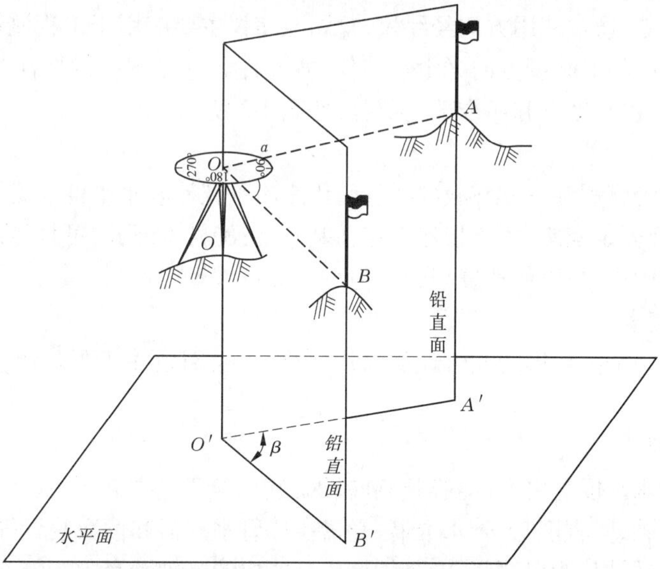

图 3-1　水平角测量原理

标 A 和 B,如其在水平度盘上的相应读数为 a 和 b,则水平角为

$$\beta = b - a \tag{3-1}$$

3.1.2 天顶距的概念及测量原理

在同一竖直平面内视线与水平线之间的夹角就称为竖直角,通常用"α"表示。视线在水平线上方的角称为仰角,角值为正;视线在水平线下方的角称为俯角,角值为负。而在同一竖直平面内视线与天顶方向之间的夹角,则称为天顶距,通常用"Z"表示。

在测量工作中,竖直角和天顶距往往只需测出一个即可。为了方便、快捷,在测量时我们一般只测量天顶距值。要测量天顶距,经纬仪必须在铅垂面内安置一个有刻度的圆盘,称为竖直度盘或竖盘。竖直角也是两个方向在度盘上的读数之差,与水平角不同的是,其中有一个是铅直指向天顶的。天顶方向的读数可以通过竖盘指标管水准器或竖盘指标自动补偿装置来确定;经纬仪设计时,一般使视线水平时的竖盘读数为 90°或 270°,这样,测量天顶距时,只要用盘左瞄准目标,读出竖盘读数,此读数就是天顶距(在没有指标差的情况下)。

3.2 光学经纬仪

国产光学经纬仪按其精度划分的型号有:DJ07、DJ1、DJ2、DJ6、DJ30,其中字母 D、J 分别为"大地测量"和"经纬仪"汉语拼音的第一个字母,07、1、2、6、30 分别为该仪器一测回方向观测中误差的秒数。

3.2.1 DJ6 型光学经纬仪的结构

根据控制水平度盘转动方式的不同,DJ6 型光学经纬仪又分为方向经纬仪和复测经纬仪。地形测量中,通常使用方向经纬仪,复测经纬仪主要应用于工程测量。图 3-2 是北京光学仪器厂生产的 DJ6 型方向光学经纬仪,各部件名称见图中的标注。一般将光学经纬仪分解为基座、水平度盘和照准部三部分,如图 3-3 所示。

3.2.1.1 基座

基座上有三个脚螺旋,一个圆水准气泡,用来粗平仪器。水平度盘旋转轴套套在竖轴套外围,拧紧轴套固定螺旋,可将仪器固定在基座上;旋松该螺旋,可将经纬仪水平度盘连同照准部从基座中拔出,以便换置觇牌。但平时应将该螺旋拧紧。

3.2.1.2 水平度盘

水平度盘是一个圆环形的光学玻璃盘片,盘片边缘刻划并按顺时针注记有 0° ~360°的角度数值。

3.2.1.3 照准部

照准部是指水平度盘之上,能绕其旋转轴旋转的全部部件的总称,它包括竖轴、U 形支架、望远镜、横轴、竖直度盘、管水准器、竖盘指标管水准器和读数装置等。

照准部的旋转轴称为仪器竖轴,竖轴插入基座内的竖轴轴套中旋转;照准部在水平方向的转动,由水平制动、水平微动螺旋控制;望远镜在纵向的转动,由望远镜制动、望远镜

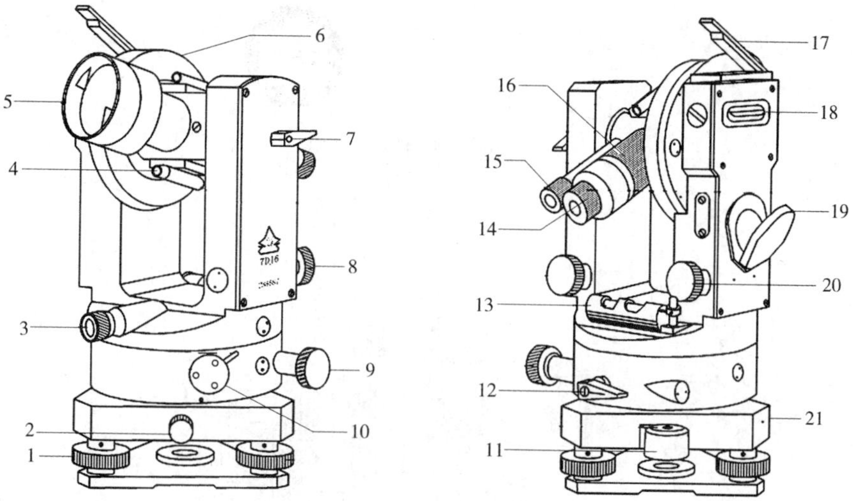

1—脚螺旋;2—轴套固定螺旋;3—光学对中器;4—粗瞄器;5—物镜;6—竖直度盘;
7—望远镜制动螺旋;8—望远镜微动螺旋;9—水平方向微动螺旋;10—水平度盘变换螺旋与保护卡;
11—基座圆水准器;12—水平方向制动螺旋;13—照准部管水准器;14—目镜及目镜调焦螺旋;
15—度盘读数显微镜及显微镜调焦螺旋;16—物镜调焦螺旋;17—竖盘指标管水准器观察反射镜;
18—竖盘指标管水准器;19—度盘照明反光镜;20—竖盘指标管水准器微动螺旋;21—基座

图 3-2　DJ6 型方向光学经纬仪

微动螺旋控制;竖盘指标管水准器的微倾运动由竖盘指标管水准器微动螺旋控制;照准部上的管水准器,用于精平仪器。

水平角测量需要旋转照准部和望远镜依次瞄准不同方向的目标并读取水平度盘的读数;在一测回观测过程中,水平度盘是固定不动的;为了角度计算的方便,在观测开始之前,通常将起始方向(称为零方向)的水平度盘读数配置为 0°左右,这就需要有控制水平度盘转动的部件。控制水平度盘转动的结构有以下两种:

(1)水平度盘位置变换螺旋:方向经纬仪使用。

(2)复测装置:复测经纬仪是用复测扳手代替水平度盘位置变换螺旋来控制水平度盘的转动。

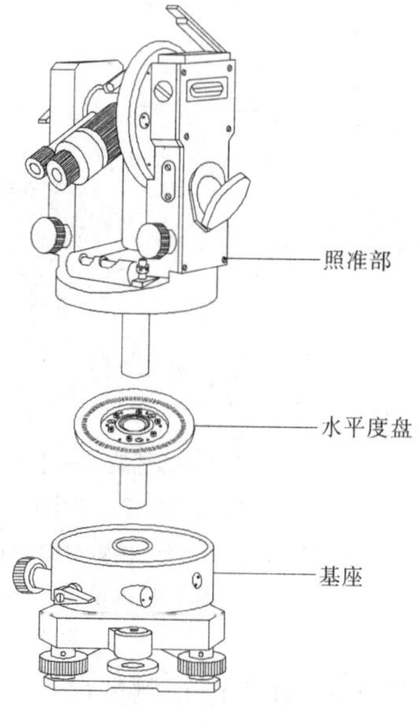

图 3-3　DJ6 型光学经纬仪的结构

3.2.2　DJ6 型光学经纬仪的读数装置

光学经纬仪的读数设备包括度盘、光路系统和测微器。水平度盘和竖直度盘上的分划线,通过一系列棱镜和透镜成像显示在望远镜旁的读数显微镜内。测微尺读数装置的光路如图 3-4 所示。将水平度盘和竖盘均刻划为 360 个小格,每个小格为 1°,顺时针注记。照明光线通过反光棱镜 5 的反射进入进光窗,其中照亮竖盘的光线通过竖盘显微镜将竖直度盘 4 上的刻划和注记成像在平凸镜测微尺 6 上;照亮水平度盘的光线通过水平度盘显微镜将水平度盘 2 上的刻划和注记成像在平凸镜测

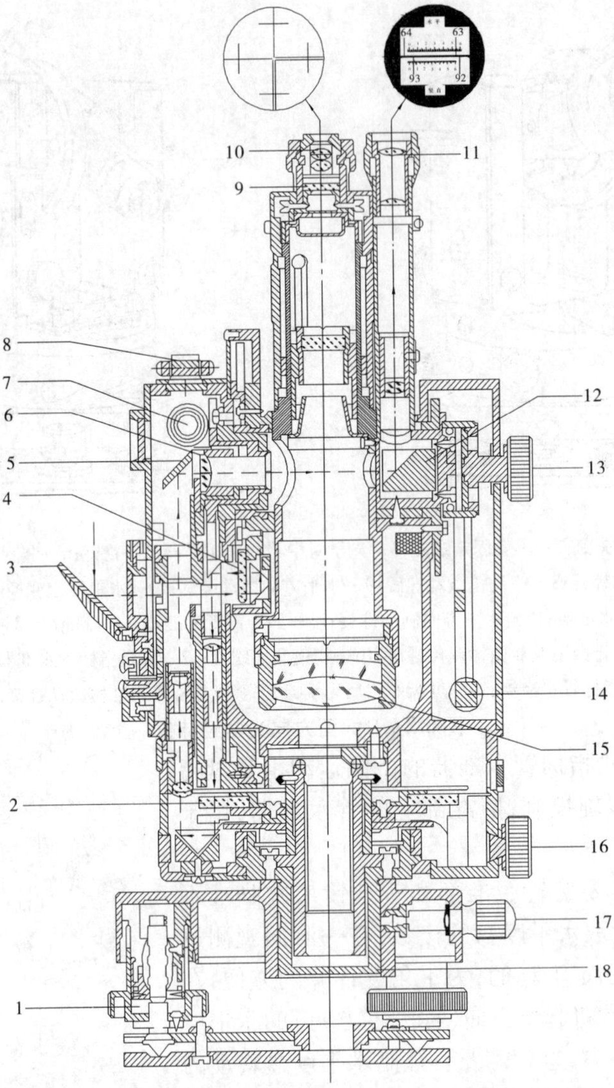

1—脚螺旋;2—水平度盘;3—度盘照明反光镜;4—竖直度盘;5—反光棱镜;
6—平凸镜测微尺;7—竖盘指标管水准器;8—竖盘指标管水准器观察反光镜;9—十字丝分划板;
10—望远镜目镜;11—读数显微镜目镜;12—读数转向棱镜;13—望远镜制动螺旋;14—望远镜微动螺旋;
15—望远镜物镜;16—水平方向微动螺旋;17—轴套固定螺丝;18—竖轴套

图 3-4　DJ6 型光学经纬仪的度盘读数光路

微尺 6 上;在平凸镜测微尺 6 上有两个测微尺,测微尺上刻划有 60 格。仪器制造时,使度盘上一格在平凸镜测微尺 6 上成像的宽度正好等于测微尺上刻划的 60 格的宽度,因此测微尺上一小格代表 1′。通过读数转向棱镜 12 的反射,两个度盘分划线的像连同测微尺上的刻划和注记可以被读数显微镜观察到,读数装置大约将两个度盘的刻划和注记放大了 65 倍。

DJ6 型光学经纬仪的读数装置常用分微尺。下面具体介绍分微尺。

3.2.2.1　**分微尺读数装置**

分微尺是刻划在指标水准管一侧的水平空心横轴内一块光学玻璃上的细小的尺子，尺子的全长正好和水平度盘及竖直度盘上每1°刻划线的长度一样长，由于水平度盘的直径比竖直度盘的直径大一些，故虽然都是1°的长度，但水平度盘的分微尺要比竖直度盘的分微尺要长一些。分微尺全长分六大格(0～6)，每大格代表10分，共60分，每一大格中又分十小格，每小格代表1分。

3.2.2.2　**读数方法**

在读数显微镜内同时看到的水平度盘和竖直度盘的影像一般是用加注的汉字“水平”和“竖直”来区别的，但也有用字母或符号来区别的；字母“H”或符号“—”都代表水平度盘，而竖直度盘则用字母“V”或符号“ ⊥”来表示。另外，也可根据分微尺的长短来区别，长的是水平度盘，短的是竖直度盘。读数前应先调节读数显微镜的目镜，使度盘的影像清晰，然后，根据哪一条度数的刻划线落在分微尺上，就读取多少度。例如，图3-5中的水平度盘为读数63°，竖直度盘读数为93°。再由分微尺零刻划线算起读出该度数刻划线到分微尺零刻线的分数，如图3-5中的水平度盘为54′，竖直度盘为06′，最后估读出该度数刻划线距分微尺零刻划线方向的不足1′(一小格)的秒值，估读的精度为0.1小格(0.1′×60″=06″)，即0.1分值。如图3-5中的水平度盘为48″，竖直度盘为06″，也即最后估读的秒值应是6的倍数，否则就不对了。因此，图3-5中水平度盘的读数应为63°54′48″，竖直度盘的读数应为93°06′06″。

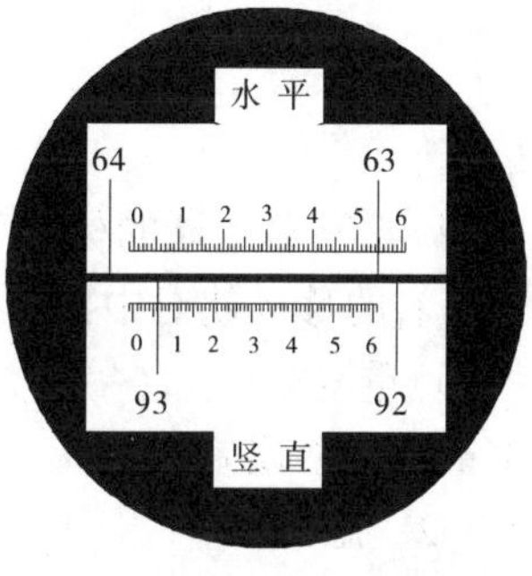

水平度盘读数63°54′48″

竖直度盘读数93°06′06″

图3-5　分微尺的读数视场

3.2.3　光学经纬仪的使用

光学经纬仪的基本操作，一般细分为对中、整平、瞄准、读数四个步骤。前两步又叫安置经纬仪。对中的目的是使经纬仪水平度盘的中心与测站点位于同一条铅垂线上。整平的目的是使水平度盘或横轴置于水平位置，竖直度盘处于竖直位置。下面对每一步骤的操作方法和要求介绍如下。

3.2.3.1　**安置经纬仪**

打开三脚架腿，调整到适当的高度，张开三脚架，将其安置在测站上，使架头大致水平。从仪器箱中取出经纬仪，放置在三脚架头上，并使仪器中心基本对齐三脚架头的中心，用连接螺旋将仪器与三脚架连接，即可进行对中整平操作。

(1)踩实一个三脚架腿，双手握着另外两个三脚架腿，眼睛观察光学对中器，移动三脚架，使对中器的标志对准测站点的中心，如图3-6所示，并压实三脚架。

(2)伸缩脚架腿，使圆水准气泡居中。

(3)让照准部管水准器平行任意两个脚螺旋，双手相对旋转这两个脚螺旋，气泡移动与左手拇指移动方向

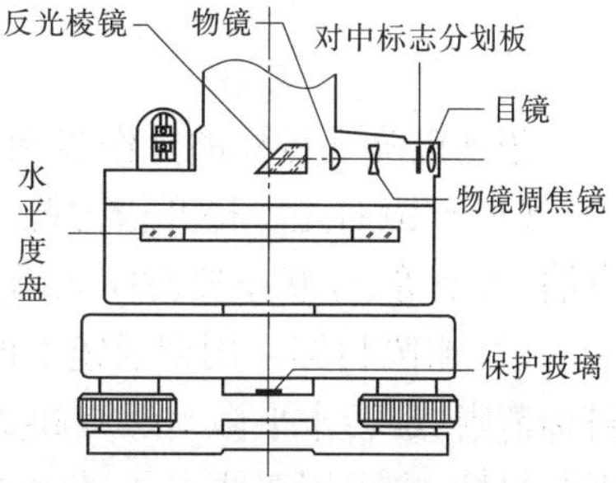

图3-6　光学对中器的光路

一致,使管水准器气泡居中。旋转照准部 90°,用左手旋转另一个脚螺旋,气泡移动与左手拇指移动方向一致,使管水准器气泡居中,如图 3-7 所示。

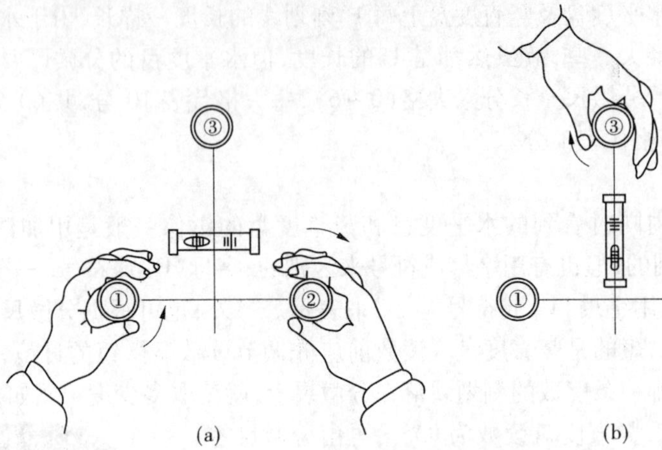

图 3-7　照准部管水准器整平方法

(4)观察对中器的标志与测站点的对中情况,若对中偏离了,将仪器在三脚架头上作前后左右的移动使对中器的标志对准测站点的中心。

(5)重复第(3)、(4)步,直至水准管气泡在 360°的任一方向都居中,且对中误差不大于 1 mm,整平误差不偏离一小格。然后旋紧连接螺旋即完成对中整平操作。

3.2.3.2　**瞄准**

测角时的照准标志,一般是竖立于测点的标杆、测钎、用三根竹杆悬吊垂球的线或觇牌,如图 3-8 所示。测量水平角时,以望远镜的十字丝竖丝瞄准照准标志。

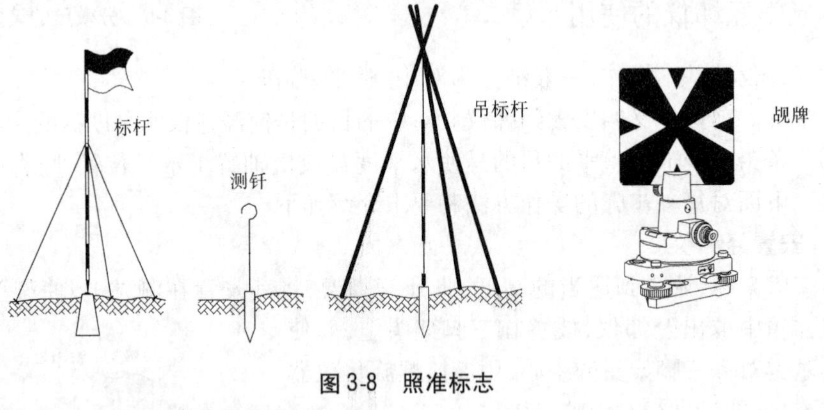

图 3-8　照准标志

望远镜瞄准目标的操作步骤如下:

(1)目镜对光。松开望远镜制动螺旋和水平制动螺旋,将望远镜对向明亮的背景(如白墙、天空等,注意不要对向太阳),转动目镜使十字丝清晰。

(2)粗瞄目标。用望远镜上的粗瞄器瞄准目标,旋紧制动螺旋,转动物镜调焦螺旋使目标清晰,旋转水平微动螺旋和望远镜微动螺旋,精确瞄准目标。可用十字丝纵丝的单线平分目标,也可用双线夹住目标,如图 3-9 所示。

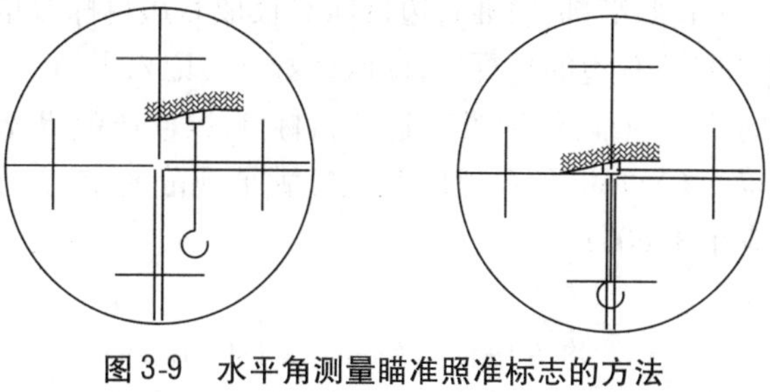

图 3-9　水平角测量瞄准照准标志的方法

3.2.3.3　**读数**

读数时先打开度盘照明反光镜，调整反光镜的开度和方向，使读数窗亮度适中，旋转读数显微镜的目镜使刻划线清晰，然后读数。

3.3　水平角测量（方向经纬仪）

水平角测量最常用的方法有测回法和方向观测法（全圆测回法），测量时无论采用哪种方法进行观测，通常都要用盘左和盘右各观测一次，取平均值得出结果。所谓"盘左"，就是当我们转动望远镜照准目标时，竖直度盘在望远镜的左边，又称为正镜；所谓"盘右"，就是竖直度盘在望远镜的右边，又称为倒镜。如果只用盘左或盘右对一个角度观测一次，称为半测回；如果用盘左和盘右对一个角度各观测一次，称为一个测回。这样用盘左（正镜）、盘右（倒镜）观测的结果取平均值的方法，可以自动抵消仪器本身的一些误差，从而提高了观测结果的质量。下面分别介绍方向测回法和方向全圆测回法的观测、记录、计算与有关的限差规定。

3.3.1　方向测回法

用正、倒镜分别观测两个方向之间的水平角，取其平均值的方法，就称为测回法。如图 3-10 所示，欲观测水平角 *ABC* 的大小，可在角顶点 *B* 上安置经纬仪，经对中、整平后，一测回的观测程序如下。

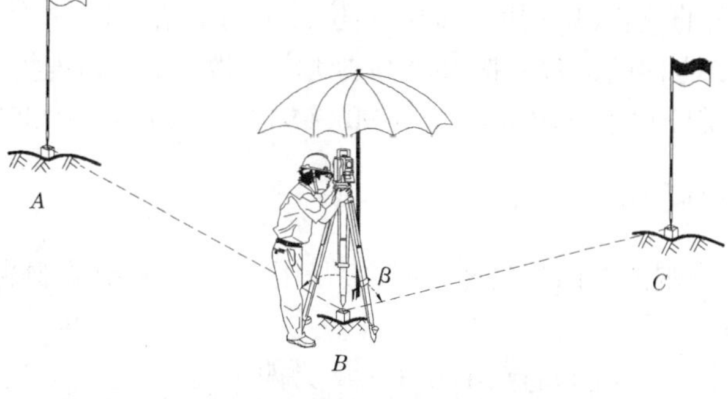

图 3-10　测回法观测水平角

（1）以正镜（盘左）照准左边的目标 *A*，使水平度盘的置数于 0°～1°（通常置于 0°05′左右），将读数 L_A 记入手簿。

(2)按顺时针方向旋转照准部,照准右边目标 C 读取右边目标 C 的读数 L_C,记入手簿。

(3)以倒镜(盘右)照准右边的目标 C,读取读数 R_C,记入手簿。

(4)按逆时针方向旋转照准部,照准左边的目标 A,读取读数 R_A,记入手簿。

计算 $2C$ 值:$2C = L - R \pm 180°$($2C$ 值的互差应满足规范要求,对于 DJ6 型光学经纬仪我们建议 $2C$ 的互差应小于 $60''$)。

计算平均方向值:

$$\text{平均方向值} = (L + R \pm 180°)/2$$

对于 DJ6 型光学经纬仪,各测回之间所测的角值之差称为测回差。规范中的限差规定应不超过 $\pm 24''$,即 $\beta_1 - \beta_2 \leqslant \pm 24''$。经检验合格后,则取各测回角值的平均值作为最后的结果。如超过此限差则应重测;如符合要求,则可取其平均值作为一测回的观测结果,即

$$\beta = \frac{1}{2}(\beta_1 + \beta_2) \tag{3-2}$$

具体记录与计算可见表 3-1 的算例。

表 3-1 水平角观测记录表(测回法)

工程名称: ahsdxy　　　　仪　器:DJ6　　　　天气:晴

观 测 者:× × ×　　　　记录者:× × ×　　　　日期:2006. 5. 24

测站名	照准点	盘左读数 L (°　′　″)	盘右读数 R (°　′　″)	$2C = L - R \pm 180°$ (″)	平均方向值 (°　′　″)	角　值 (°　′　″)
B	A	0　05　06	180　05　12	−6	0　05　09	123　10　30
一测回	C	123　15　42	303　15　36	+6	123　15　39	
						123　10　34
B	A	90　02　42	270　02　54	−12	90　02　48	
二测回	C	213　13　24	33　13　30	−6	213　13　27	123　10　39

注:加下划线的数值为第一测回和第二测回的平均值。

应注意,为了减小度盘分划误差,提高测角的精度,一个角度可观测几个测回,但每测回间应变动一下度盘的位置(即用度盘的不同位置去测量角度)。一般,如设测回数为 n,那么各测回间的起始方向的读数应按 $180°/n$ 递增。例如,某个角度需观测两个测回($n = 2$),则第二个测回的起始方向的读数就应在 $90° \sim 91°$(一般置在 $90°05'$左右)。

3.3.2 方向全圆测回法

在一个测站上,当观测方向超过两个时,常采用方向观测法(全圆测回法)。

3.3.2.1 观测步骤

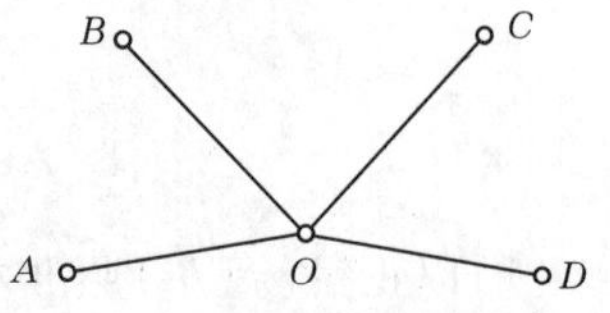

图 3-11 方向观测法观测水平角

如图 3-11 所示,O 点为测站点,A、B、C 、D 为四个目标点,现欲测出 OA、OB、OC、OD 的方向值,然后计算它们之间的水平角,其观测步骤如下:

(1)在 O 点安置经纬仪,以盘左位置瞄准目标 A,将

水平度盘置于 0° ~1°内,读取读数(设为 0°02′06″),并记入观测手簿,见表 3-2。

(2)松开照准部制动螺旋,顺时针方向转动照准部,依次瞄准目标 B、C、D,分别读数,并记入观测手簿,见表 3-2,分别设为 51°15′42″、131°54′12″和 182°02′24″。

(3)继续顺时针方向转动照准部,再次瞄准目标 A,读取水平度盘读数,为 0°02′12″,称为“归零”。A 目标盘左两次读数之差称为“半测回归零差”,归零差的限差值可见表 3-2,如归零差超限,则说明观测过程中仪器位置可能发生变化或照准和读数有错误。那么该半测回应重测。至此,已完成了方向观测法的上半测回。

表 3-2 方向观测法的限差

经纬仪级别	半测回归零差(″)	2C 变化范围(″)	同一方向各测回互差(″)
DJ2	12	18	12
DJ6	18	—	24

(4)倒转望远镜变成盘右位置。仍从目标 A 开始,逆时针方向转动照准部,依次瞄准并读取 A、D、C、B、A 各目标的读数,并记入观测手簿,见表 3-3,分别设为 180°02′06″、2°02′24″、311°54′00″、231°15′30″和 180°02′00″。至此,即完成了方向观测法的下半测回,上、下两半测回合为一个测回。

表 3-3 水平角观测记录表(方向测回法)

工程名称:ahsdxy　　仪 器:DJ6　　天气:晴

观 测 者:× × ×　　记录者:× × ×　　日期:2006. 4. 12

测站	测回数	目标	水平度盘读数 盘左(L)(° ′ ″)	水平度盘读数 盘右(R)(° ′ ″)	2C(″)	平均读数 $\frac{L+(R\pm180°)}{2}$(° ′ ″)	一测回归零方向值(° ′ ″)	各测回平均方向值(° ′ ″)	水平角(° ′ ″)
O	1					0 02 26			
		A	0 02 06	180 02 00	+6	0 02 03	0 00 00	0 00 00	
		B	51 15 42	231 15 30	+12	51 15 36	51 13 30	51 13 28	
		C	131 54 12	311 54 00	+12	131 54 06	131 52 00	131 52 02	
		D	182 02 24	2 02 24	0	182 02 24	182 00 18	182 00 22	51 13 28
		A	0 02 12	180 02 06	+6	0 02 09			80 38 34
O	2					90 03 32			50 08 20
		A	90 03 30	270 03 24	+6	90 03 27	0 00 00		177 59 38
		B	141 17 00	321 16 54	+6	141 16 57	51 13 25		
		C	221 55 42	41 55 36	+6	221 55 36	131 52 04		
		D	272 04 00	92 03 54	+6	272 03 57	182 00 25		
		A	90 03 36	270 03 36	0	90 03 36			

如需观测 n 个测回，则各测回间仍应按 $180°/n$ 变动水平度盘的位置。另外，当观测方向不超过 3 个或观测精度要求不高时，半测回也可不用归零。

3.3.2.2 观测手簿的计算

1. 计算两倍照准差(2C)

$$2C = 盘左读数 - (盘右读数 \pm 180°) \tag{3-3}$$

式中，±180°的 +、- 号的取法是根据盘右读数值来定的，当盘右读数大于 180°时，则取"-"号；当盘右读数小于 180°时，则取"+"号。例如，表 3-3 中第一测回的 OC 方向为

$$2C = 131°54'12'' - (311°54'00'' - 180°) = +12''$$

而 OD 方向则为

$$2C = 182°02'24'' - (2°02'24'' + 180°) = 0''$$

将各方向的 $2C$ 值算出后填入表格里。在同一测回中，各方向 $2C$ 值的变化大小，在一定程度上反映了观测的精度。规范中规定，使用 DJ2 型光学经纬仪时，一测回内 $2C$ 变化范围不得大于 18″，使用 DJ6 型光学经纬仪时，我们建议 $2C$ 的变化范围不要超过 60″供观测者自检，规范规定限差，见表 3-2。

2. 计算各方向的平均读数

$$平均读数 = \frac{1}{2}[盘左读数 + (盘右读数 \pm 180°)]$$

式中，±180°的 +、- 号的取法和 $2C$ 值计算中取法一样。例如，表 3-3 中第一测回的 OB 方向的平均读数为

$$\frac{1}{2} \times [51°15'42'' + (231°15'30'' - 180°)] = 51°15'36''$$

由于起始方向 OA 有两个平均读数，故应再取其平均值作为 OA 方向的准确值（又称为正式起始读数），并记入"平均读数"一栏的上方括号内。表 3-3 中第一测回 OA 方向的准确值为 0°02′06″。

3. 计算归零方向值

为了便于将各测回的方向值进行比较和最后取平均值，应将各测回中起始方向的平均读数都化为 0°00′00″，而其他各方向的平均读数都减去起始方向的平均读数，即得各方向的归零方向值。例如，表 3-3 中，OB、OC 方向的归零方向值为

OB：$$51°15'36'' - 0°02'06'' = 51°13'30''$$

OC：$$131°54'06'' - 0°02'06'' = 131°52'00''$$

4. 计算各测回归零方向值的平均值

计算前应先检验各测回同一方向归零方向值之间的互差，其限差值可见表 3-2。如符合要求，则取各测回归零方向值的平均值作为最后的观测结果。例如，表 3-3 中 OB 方向两个测回归零方向值的平均值为

$$\frac{1}{2} \times (51°13'30'' + 51°13'25'') = 51°13'27.5'' \approx 51°13'28''$$

5. 计算各水平角值

将各相邻方向值相减，即可得相邻两方向之间的水平角值。例如，表 3-3 中的 $\angle BOC =$

131°52′02″ − 51°13′28″ = 80°38′34″。

3.4 天顶距的测量

3.4.1 天顶距的用途

天顶距主要用于将观测的倾斜距离化算为水平距离或计算三角高程。

3.4.1.1 倾斜距离化算为水平距离

如图 3-12(a)所示，测得 A，B 两点间的斜距 S 及天顶距 Z，其水平距离 D 的计算公式为

$$D = S \cdot \sin Z \tag{3-4}$$

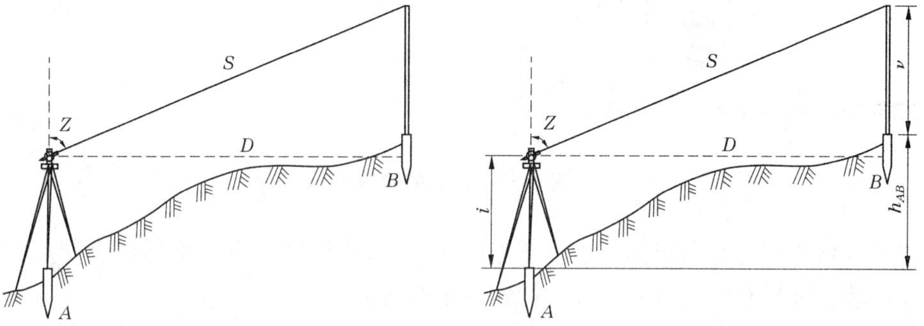

图 3-12 天顶距测量示意图

3.4.1.2 三角高程计算

如图 3-12(b)所示，当用水准测量方法测定 A，B 两点间的高差 h_{AB} 有困难时，可以利用图中测得的斜距 S、天顶距 Z、仪器高 i 标杆高 ν，依下列公式求出 h_{AB}：

$$h_{AB} = S \cdot \cos Z + i - \nu \tag{3-5}$$

当已知 A 点的高程 H_A 时，则 B 点高程 H_B 为

$$H_B = H_A + h_{AB} = H_A + S \cdot \cos Z + i - \nu \tag{3-6}$$

上述测量高程的方法称为三角高程测量。2005 年 5 月 22 日我国测绘工作者就是在平均海拔 5 562 m 的 6 个观测站，使用三角高程测量的方法，完成了 2 d 三角测距观测，测定了珠穆朗玛峰峰顶岩石面海拔为 8 844.43 m。参数如下：珠穆朗玛峰峰顶岩石面高程测量精度 ±0.21 m，峰顶冰雪深度 3.50 m。原 1975 年公布的珠峰高程数据停止使用。

3.4.2 竖盘读数系统的构造

要想搞清楚竖直角及天顶距的计算与观测，首先必须搞清楚竖直度盘读数系统的构造。

DJ6 型光学经纬仪的竖直度盘读数系统的构造如图 3-13 所示，主要是由竖直度盘、

竖盘指标水准管、指标水准管的微动螺旋、棱透镜组成的光具组，以及指标水准管的反光镜等组成。

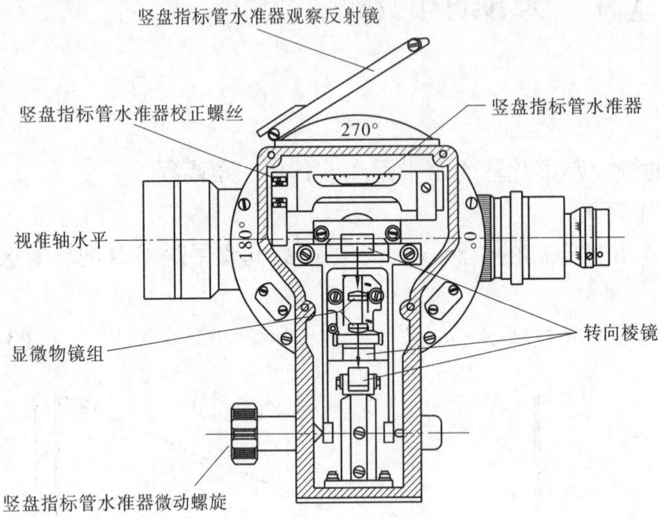

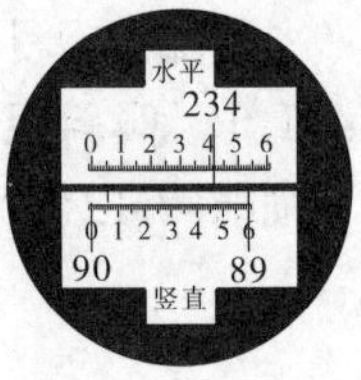

竖直度盘读数
90° 00′ 00″

图 3-13　竖盘的构造

竖盘读数指标与竖盘指标管水准器连接在一起，旋转竖盘管水准器微动螺旋将带动竖盘指标管水准器和竖盘读数指标一起作微小的转动。

竖盘读数指标的正确位置是：望远镜处于盘左位置视线水平时，竖盘管水准气泡居中，读数窗中的竖盘读数应为90°（有些仪器设计为0°、180°，本书约定为90°）。竖盘注记为0°～360°，分顺时针和逆时针注记两种形式，本书只介绍顺时针注记的形式。

3.4.3　天顶距的计算公式

光学经纬仪的竖直度盘上，刻有0°～360°的分划注记，如图3-14所示。如图3-14(a)所示盘左位置，当视线水平时，竖直度盘的读数正好等于90°。当抬高视线观测一目标时，假设此时竖盘读数为L，则天顶距为

$$Z = L \tag{3-7}$$

如图3-14(b)所示，盘右位置，当视线水平时，竖直度盘的读数为270°，当抬高视线观测一目标时，假设此时竖盘读数为R，则天顶距为

$$Z = 360° - R \tag{3-8}$$

3.4.4　竖盘指标差

通常仪器正确时竖盘水准管轴与光具组的光轴（指标）是相互垂直的，即望远镜视线水平，竖盘水准管气泡居中时竖盘读数应为90°或270°，但如果竖盘水准管轴与光具组的光轴不垂直，当水准管气泡居中时，竖盘读数指标就不在竖直位置，如图3-15所示，其所偏角度x称为竖盘指标差，简称指标差。

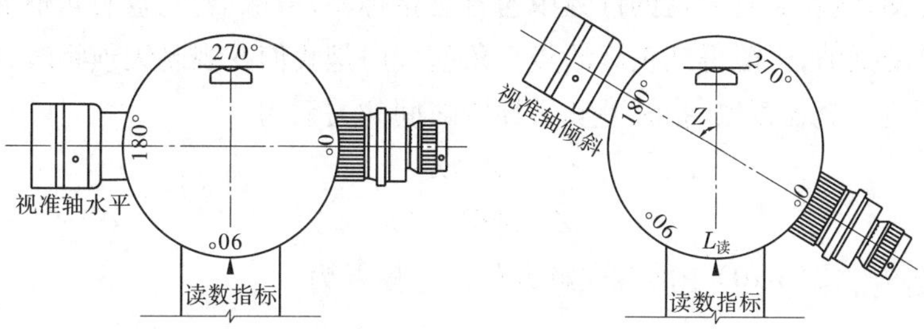

(a)盘左

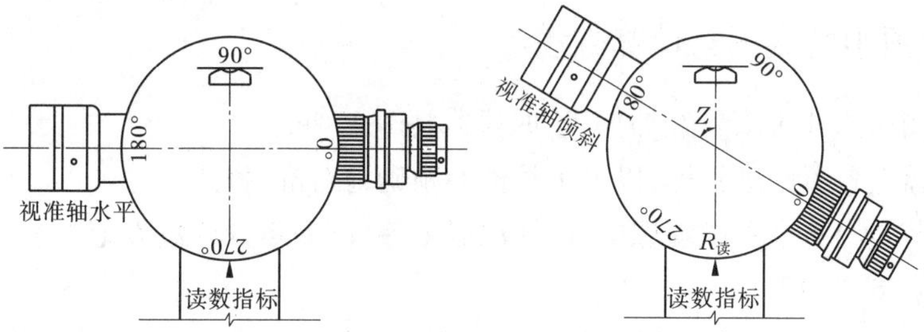

(b)盘右

图 3-14　天顶距测量原理

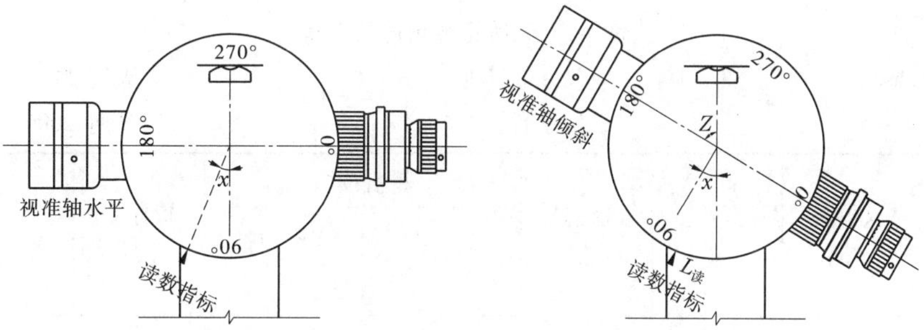

(a)盘左

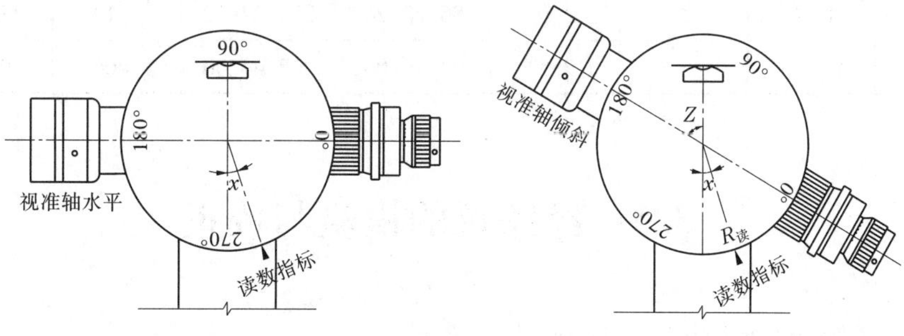

(b)盘右

图 3-15　竖盘指标差

由此可知，倘若竖直度盘的读数中包含有指标差，但取盘左、盘右角值的平均值后，指标差 x 可自动抵消，仍能得到正确的竖直角值。但是我们在观测天顶距时，就必须要考虑指标差的影响。竖盘读数、指标差和天顶距之间的关系为

盘左：
$$Z = L - x \tag{3-9}$$

盘右：
$$Z = 360° - (R - x) \tag{3-10}$$

将式(3-9)、式(3-10)中的两式解方程得指标差为

$$x = \frac{L + R - 360°}{2} \tag{3-11}$$

3.4.5　天顶距的观测与计算方法

(1)在测站点 A 上安置经纬仪，量取仪器高 1.46 m。

(2)以盘左位置瞄准目标，以十字丝横丝精确地对准目标。

(3)调节竖盘水准管微动螺旋，使气泡居中，并读取竖盘读数 L 记入手簿，见表 3-4 中 1 目标(设为 78°31′12″)。

(4)以盘右位置同上法瞄准原目标，调节竖盘水准管微动螺旋，使气泡居中，并读取竖盘读数 R 记入手簿，见表 3-4 中 1 目标(设为 280°29′12″)。

(5)按式(3-11)计算出指标差 x 为 +12″。

(6)按式(3-9)或式(3-10) 计算出天顶距 Z 为 79°31′00″。

表 3-4　天顶距观测记录手簿

工程名称：ahsdxy　　　　仪　器：DJ6　　　　天气：晴

观 测 者：× × ×　　　　记录者：× × ×　　　　日期：2006.4.12

测站	仪器高(m)	觇点	觇标高(m)	竖盘读数		指标差(″)	天顶距(° ′ ″)
				盘左(° ′ ″)	盘右(° ′ ″)		
A	1.46	1	1.5	79 31 12	280 29 12	+12	79 31 00
		2	2.0	85 22 24	274 37 12	−12	85 22 36
		3	2.5	92 16 06	267 44 06	+06	92 16 00

3.5　经纬仪的检验与校正

3.5.1　经纬仪的轴线及其应满足的关系

如图 3-16 所示，经纬仪的主要轴线有视准轴 CC、横轴 HH、管水准器轴 LL 和仪器的竖轴 VV。

为了使经纬仪正确工作，上述轴线应满足下列 6 个几何关系：

(1)管水准器轴应垂直于竖轴($LL \perp VV$);

(2)十字丝竖丝应垂直于横轴(竖丝 $\perp HH$);

(3)视准轴应垂直于横轴($CC \perp HH$);

(4)横轴应垂直于竖轴($HH \perp VV$);

(5)竖盘指标水准管轴应垂直读数指标线;

(6)光学对中器的视准轴应与竖轴重合。

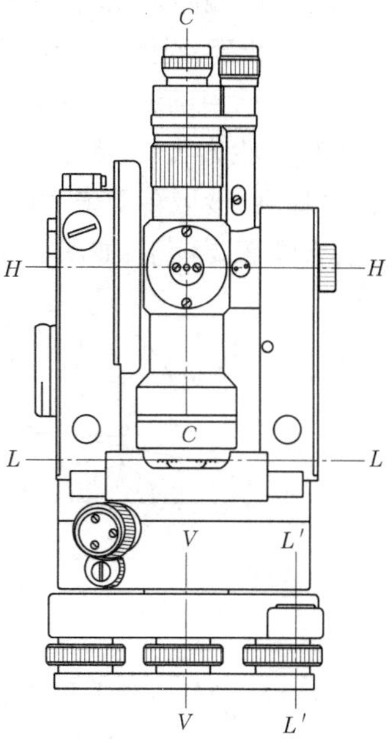

图 3-16 经纬仪的轴线

3.5.2 经纬仪的检验与校正

3.5.2.1 $LL \perp VV$ 的检验与校正

(1)检验目的:水平度盘或横轴处于水平位置。

(2)检验方法:采用 180°法,先将仪器整平,再转动照准部 180°,此时如气泡仍然居中,则说明此条件是满足的,如果偏离量超过一格,应进行校正。

(3)校正方法:采用一半一半法,如图 3-17(a)所示,水准管轴水平,但竖轴倾斜,设其与铅垂线的夹角为 α。将照准部旋转 180°,如图 3-17(b),水准管轴与水平面的夹角为 2α,通过气泡中心偏离水准管零点的格数表现出来。改正时,先用拨针拨动水准管校正螺丝,使气泡退回偏离量的一半(等于 α),如图 3-17(c),此时几何关系即得满足。余下的一半通过旋转与管水准器轴平行的一对脚螺旋,使水准管气泡居中,如图 3-17(d)。此项检验校正需反复进行,直到照准部转至任何位

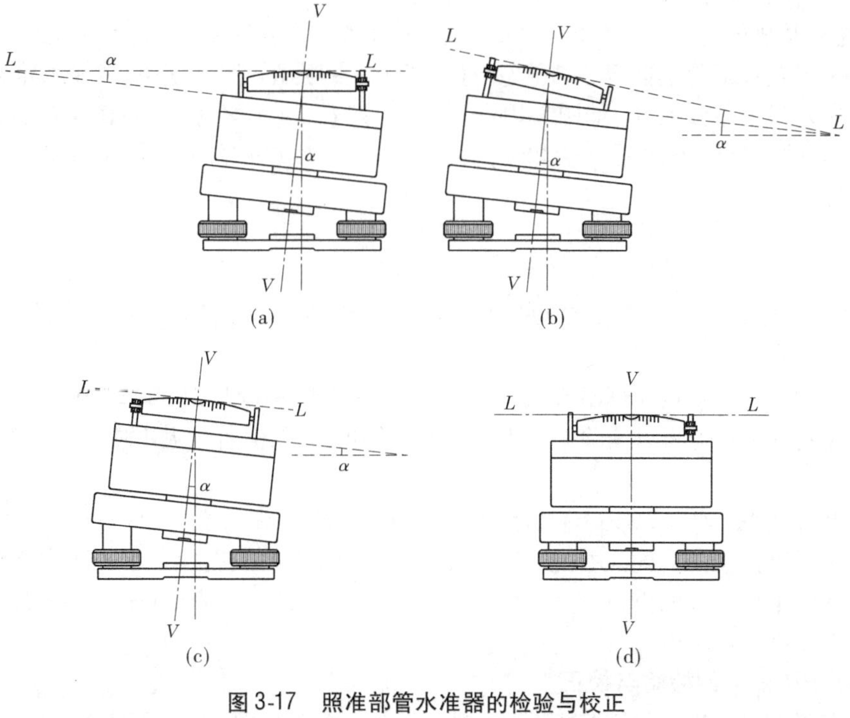

图 3-17 照准部管水准器的检验与校正

置，气泡中心偏离零点均不超过一格。

3.5.2.2　**十字丝竖丝 ⊥ HH 的检验与校正**

(1)检验目的：使十字丝竖丝铅直，以便精确瞄准目标。

(2)检验方法：用十字丝交点精确瞄准一清晰目标点 P，然后固定照准部并旋紧望远镜制动螺旋，慢慢转动望远镜微动螺旋，使望远镜上下移动，如 P 点不偏离竖丝，则条件满足，否则需要校正，如图 3-18(a)所示。

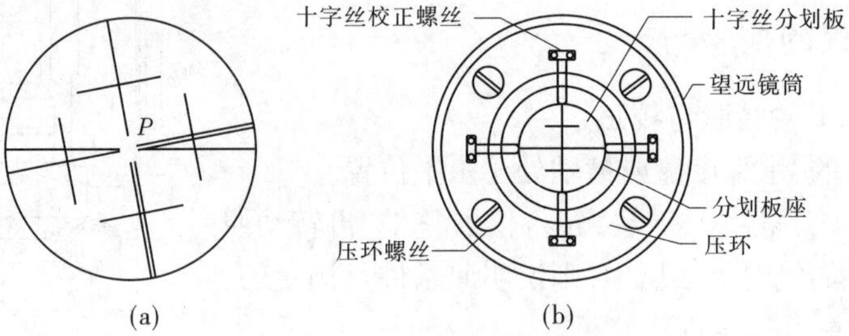

图 3-18　十字丝竖丝的检验与校正

(3)校正方法：旋下目镜分划板护盖，松开四个压环螺丝，如图 3-18(b)所示，慢慢转动十字丝分划板座，使竖丝重新与目标点 P 重合，再作检验，直至条件满足。最后，应拧紧四个压环螺丝，旋上十字丝护盖。

3.5.2.3　**$CC \perp HH$ 的检验与校正**

(1)检验目的：望远镜绕横轴旋转时，其视准面应是一个平面。

(2)检验方法：如图 3-19 所示，在平坦地区选择相距约 100 m 的 A、B 两点，在 AB 连线的中点 O 安置经纬仪，A 点设一个与仪器高度相等的标志，在 B 点与仪器高度相等的位置横置一根刻有毫米分划的直尺，尺子与 OB 垂直。先盘左瞄准 A 点，固定照准部，纵转望远镜，在 B 尺上得读数 B_1，如图 3-19(a)所示；再用盘右照准 A 点，固定照准部，纵转望远镜，在 B 尺上得读数 B_2，如图 3-19(b)所示。如 B_1 与 B_2 不重合，从图中可看出，视准轴不垂直于横轴，与横轴相差一个角度 C，在小尺上反映出 4 倍的 C 角，即 $\angle B_1OB_2 = 4C$，通过近似计算得

$$C \approx \frac{B_1B_2}{4D}\rho''$$

式中　D——仪器 O 点到 B 尺之间的水平距离，对于 DJ6 型经纬仪，当 $C > 60''$时，则必须校正。

也可以通过式(3-3)计算出 C 值，即 $C = [$盘左读数 $-$ (盘右读数 $\pm 180°$)$]/2$。虽然取盘左、盘右的平均值可以消除同一方向观测的照准差 C，但若过大不便于方向观测的计算。

(3)校正方法：如图 3-19(b)所示，保持 B 尺不动，并在尺上定出一点 B_3，使 $B_2B_3 = B_1B_2/4$，OB_3 便和横轴垂直。用校正针拨动图 3-18(b)中的左右两个十字丝校正螺丝，一松一紧，平移十字丝分划板，直至十字丝交点与 B_3 点重合。完成校正后，应重复上述的检验操作，直至满足 $C \leqslant 30''$。

3.5.2.4　**$HH \perp VV$ 的检验与校正**

(1)检验目的：望远镜绕横轴旋转时视准面是一个铅直面。

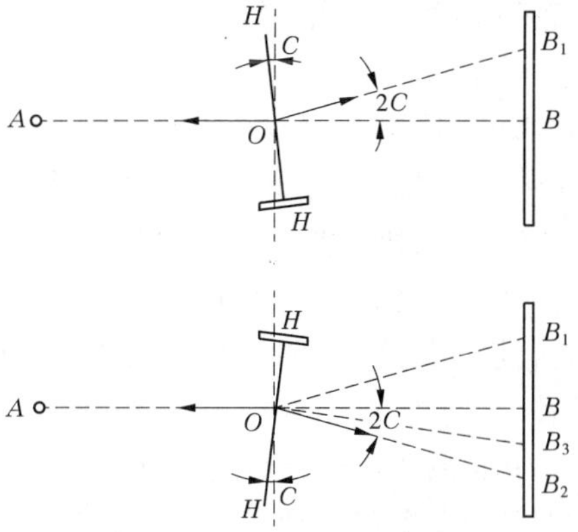

图 3-19　$CC \perp HH$ 的检验与校正

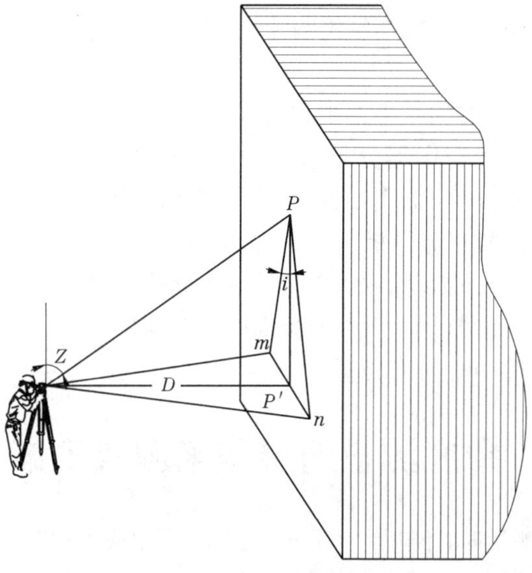

图 3-20　$HH \perp VV$ 的检验与校正

(2)检验方法:如图 3-20 所示,在距墙面约 30 m 处安置经纬仪,用盘左位置瞄准墙上一明显的高点 P(要求仰角 $\alpha > 30°$),固定照准部后,将望远镜大致放平,在墙上标出十字丝交点所对的位置 P_1;再用盘右瞄准 P 点,放平望远镜后,在墙上标出十字丝交点所对的位置 P_2。若 P_1 与 P_2 重合,表示横轴垂直于竖轴。否则,条件不满足,此时,P_1、P_2 两点应左右对称丁 P 点的垂直投影点 P_m。如果横轴不垂直丁竖轴,与垂直位置相差一个 i 角,称为横轴误差或支架差,它对测量角度的影响,如图 3-20 所示,可得 i 角的计算公式为

$$i = \frac{P_1P_2}{2}\frac{\rho''}{D}\cot\alpha$$

对于 DJ6 型经纬仪,若 $i > 20''$,则需要校正。

(3)校正方法:校正时应打开支架护盖,调整偏心轴承环,抬高或降低横轴的一端,使 $i = 0$。该项校正需要在无尘的室内环境中,使用专用的平等光管进行操作,当用户不具备条件时,一般交由专业维修人员校正。

3.5.2.5　**竖盘指标水准管轴应垂直读数指标线**

（1）检验目的：让指标差 x 等于零。

（2）检验方法：安置好经纬仪，用盘左、盘右观测同一目标点，分别在竖盘指标水准管气泡居中时，读取盘左读数 L 和盘右读数 R。依式(3-11)计算指标差，如 $x > \pm 1'$，则需校正。

（3）校正方法：经纬仪位置不动，仍用盘右瞄准原目标。转动竖盘指标水准管微动螺旋，使竖盘读数为不含指标差的正确值 $R - x$，此时气泡一定不再居中。然后用校正针拨动竖盘指标水准管校正螺丝，使气泡居中。这项检验校正亦需反复进行，直至 $x < \pm 1'$。

3.5.2.6　**光学对中器的检校**

（1）检验目的：使光学对中器视准轴与仪器竖轴重合。

（2）检验方法：将经纬仪安置在平坦的地上，整平后将光学对中器的十字交点（或刻划圈中心）在地面上标定出来。将照准部旋转 180°，若地面点的景象仍与十字交点重合，表明条件满足；否则，需校正。

（3）校正方法：用直尺在白纸上定出 P、P' 点间的中点 O，转动对中器的校正螺丝使对中器分划板的中心对准 O 点。光学对中器上的校正螺丝随仪器类型而异，有些是校正视线转向的直角棱镜，有些是校正分划板。图 3-21 是位于照准部支架间的圆形护盖下的校正螺丝，松开护盖上的两颗固定螺丝，取下护盖即可看见。调节螺丝 2 可使分划圈中心前后移动，调节螺丝 1 可使分划圈中心左右移动，直至分划圈中心与 P 点重合。

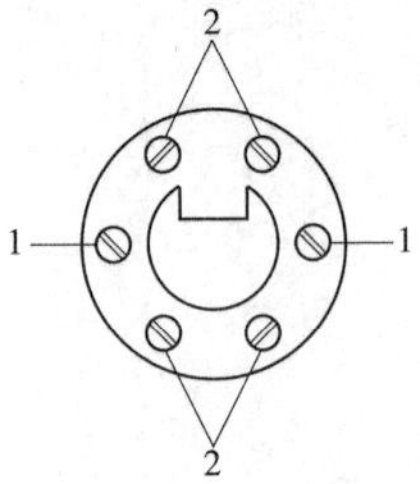

1，2—调节螺丝

图 3-21　光学对中器的检校正

3.6　角度测量的误差来源及消减方法

我们在进行角度测量时，不论是水平角，还是竖直角或天顶距，总会受到名种因素的影响，而产生误差，下面我们来具体分析和研究误差的来源及消减的方法。

3.6.1　仪器误差

3.6.1.1　**由于仪器检校不完善而引起的误差**

测量前虽对经纬仪进行了检验和校正，但仍会有不完善而残余的误差。如望远镜视准轴不严格垂直于横轴，横轴不严格垂直于竖轴等，这类误差往往被限制在了一定的范围内，并可采用盘左、盘右观测取平均值的方法予以消除，但竖轴不垂直于水准管轴所引起的误差，则不能通过盘左、盘右取平均值的方法来消除，只有认真做好此项的检验与校正来消减。

3.6.1.2　**由于仪器自身制造、加工不完善而引起的误差**

该类误差包括水平度盘和竖直度盘的分划误差，照准部偏心差（照准部的旋转中心与水平度盘中心不重合误差），竖盘偏心差（竖盘旋转中心与分划中心不重合而引起的读数误差）和指标差等。水平和竖直度盘的分划误差一般很小。竖盘分划误差虽无法减弱和消除，但本身很小，可以忽略。水平度盘的分划误差可采用各测回间变换水平度盘位置进行观测来减弱这项误差。照准部偏心差和指标差可以通过盘左、盘右观测取平均值的方法予以消除。而竖盘偏心差则不行,它只能采用对向观测,即往、返各测一个测回,并使目标高(中丝读数)等于仪器高,且按下式计算出正确的天顶距

$$Z_{往} = \frac{Z_{往} + (180^\circ - Z_{返})}{2} \tag{3-12}$$

3.6.2 观测误差

3.6.2.1 对中误差

对中误差即在仪器安置时,仪器中心没有安置在角顶的铅垂线上。如图 3-22 所示,设 B 点为测站点,A、C 为目标点,由于仪器安置时存在对中误差,仪器中心偏至 B'点,BB' 的距离称为测站偏心距,通常用 e 表示。由图 3-22 可知,实测角度 β' 与正确角值 β 之间的关系应为 $\beta = \beta' + \varepsilon_1 + \varepsilon_2$。由于 ε_1、ε_2 很小,所以其正弦值可用弧度来代替,即

$$\varepsilon_1 = \frac{e\sin\theta}{D_1}\rho''$$

$$\varepsilon_2 = \frac{e\sin(\beta' - \theta)}{D_2}\rho''$$

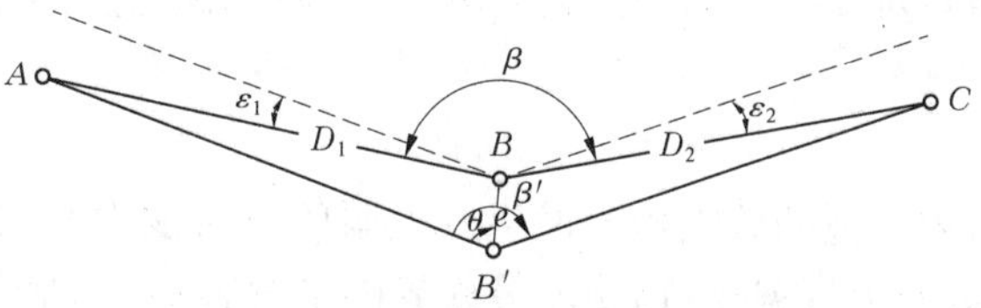

图 3-22 对中误差对水平角观测的影响

上两式中的 $\rho'' = 206\ 265''$。因此,仪器对中误差对所测水平角的影响值为

$$\Delta\beta = \beta - \beta' = \varepsilon_1 + \varepsilon_2 = e\rho''\left[\frac{\sin\theta}{D_1} + \frac{\sin(\beta' - \theta)}{D_2}\right]$$

由上式可知:

(1)$\Delta\beta$ 与偏心距 e 成正比,即 e 愈大,$\Delta\beta$ 也愈大;

(2)$\Delta\beta$ 与测站点到目标点的距离成反比,即距离愈短,$\Delta\beta$ 愈大;

(3)$\Delta\beta$ 与 β' 及 θ 的大小有关,当 $\beta' = 180^\circ$、$\theta = 90^\circ$时,$\Delta\beta$ 最大。

例如:当 $D_1 = D_2 = 100$ m,$e = 3$ mm,$\beta' = 180^\circ$,$\theta = 90^\circ$时

$$\Delta\beta = \frac{2 \times 3 \times 206\ 265''}{100 \times 10^3} = 12.4''$$

因此,减弱对中误差的方法是尽可能在各测站上精确对中(一般要小于 3 mm),并且对边长较短或角度接近 180°时,更要注意仪器对中。

3.6.2.2 整平误差

即竖轴不垂直而产生的误差。此项误差对观测角的影响是随目标点高差的增大而增大的,并且又不能用观测和计算的方法予以消除。因此,当观测目标较高或在山丘区观测水平角时,应特别注意认真整平仪器,当发现水准管气泡偏离零点超过一格时,应重新整平,重新观测。对于竖直角或天顶距观测中的竖盘指标水准管气泡居中误差,也应特别注

意，因为竖盘指标的位置正确与否，是靠指标水准管气泡居中与否来判断的，气泡居中误差直接反映成读数误差。因此，每次读取竖盘读数前，都必须严格地使指标水准管气泡居中。

3.6.2.3 目标偏心误差

目标偏心误差是指照准点上所竖立的目标（如标杆、测钎等）与地面点的标志中心不在同一铅垂线上所引起的水平方向观测误差，其对水平方向观测的影响见图 3-23。设 B 为测站点，A 为照准点标志中心，A'为实际瞄准的目标中心，D 为两点间的距离，e_1 为目标的偏心误差对水平方向观测的影响为

$$\gamma'' = \frac{e_1 \sin\theta_1}{D}\rho''$$

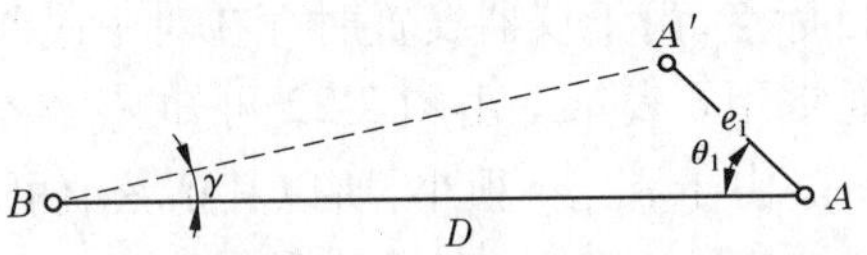

图 3-23 目标偏心误差对水平角观测的影响

由上式可知，当 $\theta_1 = 90°$时，γ''取得最大值。也即与瞄准方向垂直的目标偏心对水平方向观测的影响最大。

为了减小目标偏心对水平方向观测的影响，作为照准标志的标杆应竖直，并尽量瞄准标杆的底部。

3.6.2.4 照准误差

照准误差主要与望远镜的放大倍率 V 以及人眼的分辨能力有关，也受到对光时的视差，观测目标的形式以及大气温度、透明度等外界因素的影响。人眼的分辨力一般为 60″，即当两点对人眼构成的视角小于 60″时，就只能看成为一点。照准误差一般用 60″/28 来计算，DJ6 型光学经纬仪望远镜的放大倍率一般为 26 ~ 30 倍，故照准误差为 2.0″ ~ 2.3″。

3.6.2.5 读数误差

读数误差主要与经纬仪所采用的读数设备有关，由于 DJ6 型光学经纬仪一般只能估读到 6″，可能多估也可能少估，加上其他因素的影响，故读数误差一般可达 12 ″。因此，减弱观测误差的方法是尽可能精确照准目标，消除对光时产生的误差，估读时做到认真、细心。

3.6.3 外界条件的影响

外界自然条件对角度观测的影响比较复杂，一般无法控制。如强风、松软的土质会影响仪器的稳定；受地面反射热的干扰，物像会跳动不稳定；受光线的强弱、雾气、灰尘等因素的影响会降低照准的精度。温度的变化会影响仪器的整平等。因此，要想减弱外界条件的影响，只有选择有利的观测时间和天气条件，尽量避开不利因素，使其对观测的影响降低到最小的程度。

3.7 DJD5 – GE 电子经纬仪的使用

如图 3-24 所示为北京博飞仪器股份有限公司生产的 DJD5 – GE 电子经纬仪，各部件的名称见图中的注记。它一测回方向观测中误差为 ±5″，角度最小显示到 1″。

仪器使用镍氢高能可充电电池供电，充满电的电池可供仪器连续使用30 h；设有双操作面板，每个操作面板都有完全相同的一个显示窗和6个功能键，便于正倒镜观测；望远镜的十字丝分划板和显示窗均有照明光源，以便于在黑暗环境中观测。

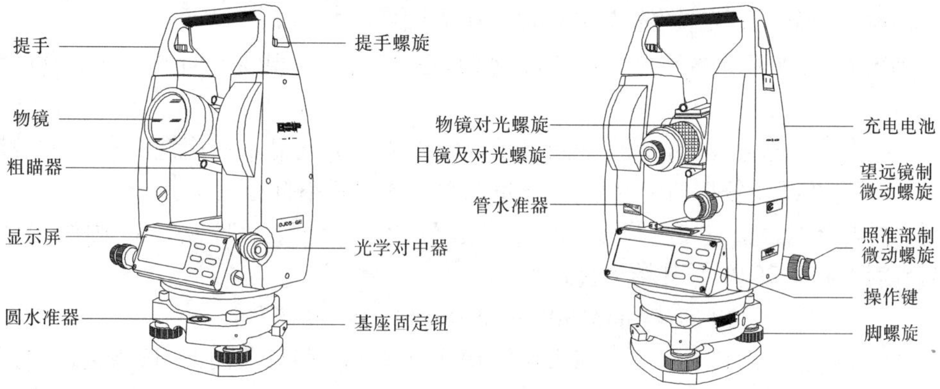

图3-24　博飞DJD5－GE电子经纬仪

3.7.1　开机

仪器面板如图3-25所示，右下角的(⏻)键为电源开关键。当仪器处于关机状态时，按下(⏻)键后可打开仪器电源；当仪器处于开机状态时，按下(⏻)键2 s可关闭仪器电源。

仪器在测站上安置好后，打开仪器电源时，在显示屏中首先显示全部符号，然后显示如图3-26所示的内容。字符“H_R”的右边显示的是当前视线方向的水平度盘读数；在显示窗中字符“V”的右边将显示“SET 0”字符，将望远镜向上或向下转动，当“V”右边的字符“0 SET”将变成当前视准轴方向的竖直度盘读数值时，即可进行角度测量。

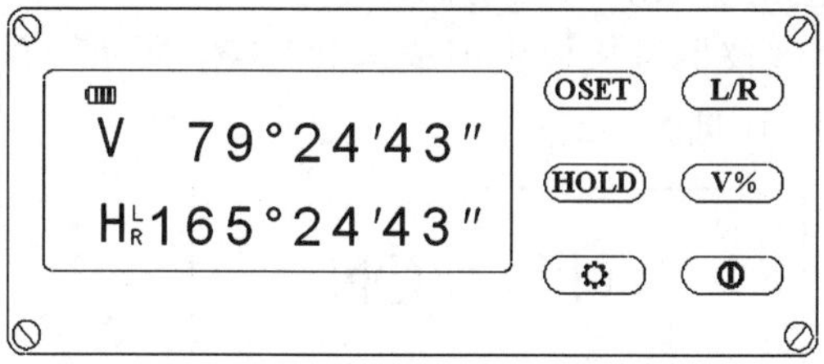

图3-25　DJD5－GE电子经纬仪的操作面板

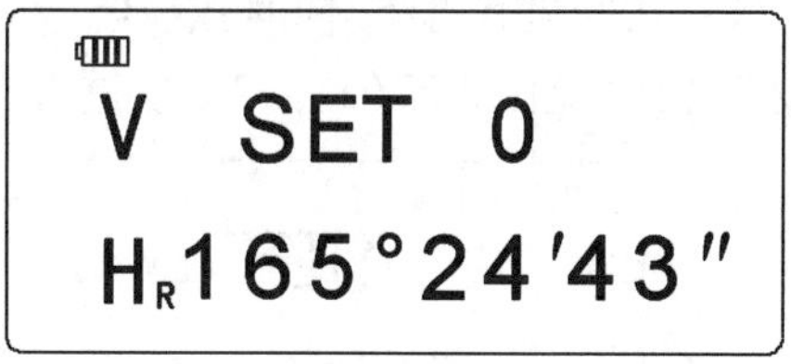

图3-26　DJD5－GE电子经纬仪开机显示内容

3.7.2　键盘功能

(L/R)键：显示左旋/右旋水平角选择键，按(L/R)键，可以使仪器在右旋和左旋之间切换。右旋等价于水平度盘为顺时针注记，左旋等价于水平度盘为逆时针注记。打开仪器电源时，仪器自动处于右旋状态，此时，显示窗水平度盘前的字符为“H_R”，表示右旋；按(L/R)键，仪器处于左旋，显示窗水平度盘读数前的字符为“H^L”。

(HOLD)键：水平度盘读数锁定键。连续按(HOLD)键两次，当前的水平度盘读数被锁定，此时转动照准部，水平度盘读数保持不变，再按一次(HOLD)键则解除锁定。该功能可以将所照准的目标方向的水平度盘读数配置为已知角度值，其操作方法是：先转动照准部，当水平度盘读数接近已知角度值时旋紧水平制动螺旋，转动水平微动螺旋，使水平度盘读数精确地等于已知角度值；连续按HOLD键两次，锁定水平面度盘读数；精确照准目标后，再按一次HOLD键解除锁定，即完成水平度盘配置工作。

OSET键：水平度盘置零键。连续按OSET键两次，当前视线方向的水平度盘读数被置零。

V%键：竖盘显示的角以角度制显示或以斜率百分比显示切换键。按V%键，可以使显示窗中“V”字符后的竖盘角，以角度制显示或以斜率百分比显示。

例如，当竖盘读数以角度制显示时，盘左位置的竖盘读数为73°08′50″，则按V%键后竖盘读数为30.292%。其转换公式为

$$\tan\alpha = \tan(90° - 73°08'50'') = 30.292\%$$

☼键：显示窗和十字丝分划板照明切换开关。照明灯关闭时，按该键，则打开照明灯；再按一次该键，则关闭照明灯。打开照明灯后10 s内如没有进行任何按键操作，仪器自动关闭照明灯，以节省电能。

3.7.3 仪器的设置

3.7.3.1 DJD5 – GE 电子经纬仪功能设置内容

(1)垂直角模式选择：U1、U2、U3(U1为天顶距、U2为垂直角、U3为高度角，出厂设置为天顶距)。

(2)自动关机时间：仪器无操作20 min，自动关机(出厂设置为断电功能ON，也可选择无自动关机功能OFF)。

(3)角度最小显示单位：1″或5″(出厂设置为1″)。

(4)角度单位选择：360(度、分、秒)、400(哥恩)(出厂设置为360)。

仪器在开机状态下，同时按☼、L/R键仪器进入设置模式，如图3-27所示。显示设置界面(见图3-27(a))，2 s后进入设置界面(见图3-27(b))。

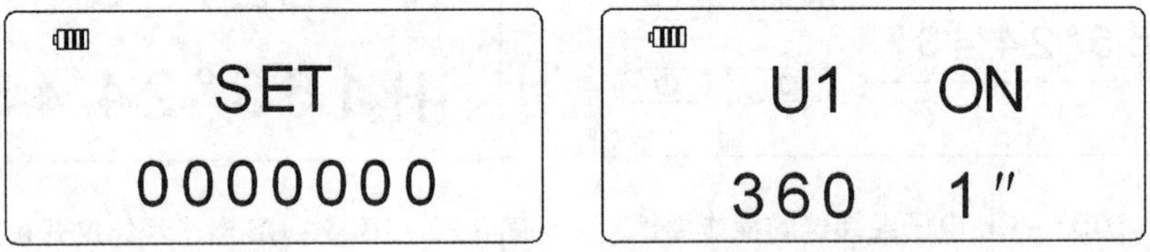

(a) (b)

图3-27 DJD5 – GE 电子经纬仪设置界面

按OSET键设置垂直角测量模式(U1、U2、U3)，按L/R键设置仪器定时关机功能，按HOLD键设置角度单位，按V%键设置最小角度显示单位，按☼键仪器保存所作设置，并退出回到角度测量模式。

3.7.3.2 DJD5 – GE 电子经纬仪指标差设置

(1)按住L/R键开机，仪器显示“SETUP”并提示“SET 0”，旋转望远镜过零后，显示

屏第一行闪烁提示“SET F1”，如图 3-28(a)所示。

(2)精确整平仪器盘左照准远处目标，按OSET键确认，这时显示屏第一行闪烁提示“SET F2”，如图 3-28(b)所示。

(3)再用盘右照准同一目标，按OSET键确认，这时显示屏第一行闪烁提示“SET”，如图 3-28(c)所示。

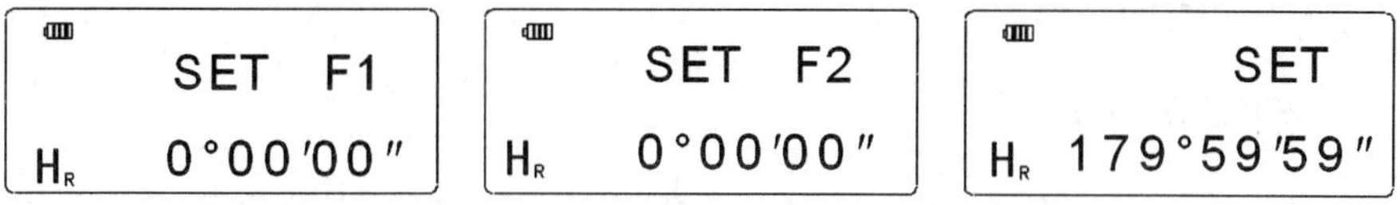

(a) (b) (c)

图 3-28 指标差设置的界面

(4)按OSET键确认，仪器接受新设置的指标差，并退出回到角度测量模式。

3.7.4 角度测量

电子测角的度盘主要有编码度盘、光栅度盘、动态度盘三种形式。由于 DJD5 - GE 是采用光栅度盘测角系统，当转动仪器照准部时，即自动开始测量角度，所以观测员精确照准目标后，显示窗将自动显示当前视线方向的水平度盘和竖盘读数，不需要再按任何键，仪器操作非常简单。但若测角要求较高，还是要用复测法或测回法观测，我们建议用复测法较方便。

复测法操作步骤如下：

(1)盘左观测。在 H_R 模式下照准左边目标，按OSET(置零)键，顺时针转动照准部照准右边目标后，按HOLD两次锁定角度，再照准左边目标，按HOLD一次(解锁)，再照准右边目标，这样屏幕上显示出盘左测量该角值的两倍，除以 2 就得到盘左测出的角值。

(2)盘右观测。在 H^L 模式下照准右边目标，按OSET(置零)键，逆时针转动照准部照准左边目标后，按HOLD两次锁定角度，再照准右边目标，按HOLD一次(解锁)，再照准左边目标，这样屏幕上显示出盘右测量该角值的两倍，除以 2 就得到盘右测出的角值。

(3)盘左、盘右观测的角值应相等，若不相等应小于 ±18″满足此条件，将取盘左、盘右平均值作为最终结果。

表 3-5 水平角观测记录表(复测法)

工程名称：ahsdxy　　仪　器：DJD5 - GE　　天气：晴

观 测 者：× × ×　　记录者：× × ×　　日期：2006.4.12

测站名	盘位	照准点	复测数	最后读数 (° ′ ″)	单盘位平均角值 (° ′ ″)	双盘位平均角值 (° ′ ″)
O	L	*A* ~ *B*	3	123 15 39	41 05 13	41 05 12
	R	*B* ~ *A*	3	123 15 30	41 05 10	

3.8 水平角的测设

在地面上测量水平角时，角度的两个方向已经固定在地面上，而在测设一水平角时，只知道角度的一个方向，另一个方向线需要在地面上标定出来，通常有正倒镜分中法和多测回修正法两种方法。

3.8.1 正倒镜分中法

如图3-29(a)所示，设在地面上已有一方向线AB，欲在A点测设第二方向线AC，使$\angle BAC=\beta$。可将经纬仪安置在A点上，在盘左位置，用望远镜瞄准B点，使度盘读数为$0°00'00''$，然后转动照准部，使度盘读数为β，在视线方向上定出C'点。再倒转望远镜，变为盘右位置，重复上述步骤，在地面上定出C''，C'与C''往往不相重合，取两点连线的中点C，则AC即为所测设的方向，即$\angle BAC$就是要测设的水平角。

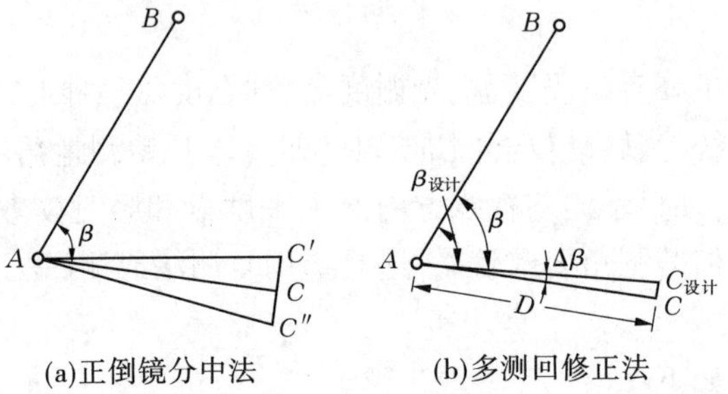

图3-29 水平角测设的方法

3.8.2 多测回修正法

如图3-29(b)所示，在A点根据已知方向线AB，精确地测设$\angle BAC$，使它等于设计角β，可先用经纬仪按正倒镜分中法放出方向线AC，而后用测回法多次观测$\angle BAC$，得角β。它与设计角$\beta_{设计}$之差为$\Delta\beta$，为了精确定出正确的方向$AC_{设计}$，必须改正小角$\Delta\beta$，为此由A点丈量$AC_{设计}$的长度D，作AC的垂线，用下式求得垂线CC的长度：$CC_{设计}=D\tan\Delta\beta$。从C沿垂线方向量$CC_{设计}$长度得$C_{设计}$点，连接$AC_{设计}$，即得到β角另一方向的精确位置。

思考题与练习题

1. 什么叫水平角？天顶距？瞄准在同一竖直线上高度不同的点，其水平度盘读数是否相同？为什么？

2. 经纬仪主要由哪几部分组成？经纬仪上有哪些制动螺旋和微动螺旋？它们各起什么作用？

3. 正确使用经纬仪的步骤是什么？各步骤的目的和要求是什么？

4. 试述用测回法和方向观测法测量水平角的操作步骤及各项限差要求。

5. 用经纬仪观测水平角和天顶距时，采用盘左、盘右观测，取平均值可以消除哪些误差的影响？是否可以消除竖轴 VV 倾斜引起的水平角测量误差？

6. 整理水平角观测记录，如表 3-6 所示。

表 3-6 水平角观测记录表(测回法)

测站名	照准点	盘左读数(L) (° ′ ″)	盘右读数(R) (° ′ ″)	$2C=L-R\pm180°$ (″)	平均方向值 (° ′ ″)	角 值 (° ′ ″)
O	A	155 50 10	335 50 00			
	B	33 33 30	213 33 40			

7. 整理天顶距观测记录，如表 3-7 所示。

表 3-7 天顶距观测表

测站	仪器高(m)	觇点	觇标高(m)	竖盘读数		指标差(″)	天顶距(° ′ ″)
				盘 左(° ′ ″)	盘 右(° ′ ″)		
O	1.46	A	2	75 30 06	284 30 06		
		B	3	82 00 24	277 59 30		

8. 整理用方向观测法测量水平角的记录，如表 3-8 所示。

表 3-8 水平角观测记录表(全圆测回法)

测站	测回数	目标	读 数		$2C$(″)	平均读数(° ′ ″)	归零方向值(° ′ ″)	各测回归零方向平均值(° ′ ″)	水平角(° ′ ″)
			盘 左(° ′ ″)	盘 右(° ′ ″)					
O	1	A	0 01 06	180 01 06					
		B	91 54 06	271 54 00					
		C	153 32 48	333 32 48					
		D	214 06 12	34 06 06					
		A	0 01 24	180 01 18					
O	2	A	90 01 24	270 01 18					
		B	181 54 06	1 54 18					
		C	243 32 54	63 33 06					
		D	304 06 24	124 06 18					
		A	90 01 36	270 01 36					

9. 由对中误差引起的水平角观测误差与哪些因素有关？

10. 简述电子经纬仪的测角方法与光学经纬仪的测角方法的主要区别。

11. 已知 A 点高程为 108.123 m，现用三角高程测量方法进行直反觇观测，观测数据见表 3-9，AP 距离为 2 233.456 m，试求 P 点高程。

表 3-9　反觇观测数据

测站	目标	天顶距 (° ′ ″)	仪器高 (m)	觇标高 (m)
A	*P*	88 48 50	1.470	2.500
P	*A*	91 08 51	1.520	2.000

12. 完成表 3-10 中复测法观测表的计算，并绘出示意图。

表 3-10　复测法观测表的计算

测站名	照准点	盘位	复测数	最后读数 (° ′ ″)	单盘位平均角值 (° ′ ″)	双盘位平均角值 (° ′ ″)
5	4~6	L	3	213 27 24		
	6~4	R	3	213 27 21		

第 4 章　距离测量

本章提要

本章主要介绍了视距测量的原理、方法，钢尺量距的一般方法以及电磁波测距仪的测距原理和 ND3000 测距仪的操作方法，以及水平距离的测设方法，最后介绍了直线定向的原理和方法。

距离测量是确定地面点位的基本测量工作之一。距离测量方法有视距测量、钢尺量距、电磁波测距和 GPS 测量等。视距测量是利用经纬仪或水准仪望远镜中的视距丝和中丝及视距标尺按几何学和几何光学的原理进行平距和高差的测量方法。钢尺量距是用钢卷尺沿地面直接丈量距离。电磁波测距是用仪器发射并接收电磁波，通过测量电磁波在待测距离上往返传播的时间解算出距离。GPS 测量是利用两台 GPS 接收机接收空间轨道上 4 颗卫星发射的载波信号，通过距离空间后方交会的方法解算出两台 GPS 接收机之间的距离。本章重点介绍前三种距离测量方法。

4.1　视距测量

视距测量是一种间接测距方法，它利用望远镜内十字丝分划板上的视距丝及刻有厘米分划的视距标尺（地形塔尺或普通水准尺），根据光学原理同时测定两点间的水平距离和高差的一种快速方法。其中，测量距离的相对误差为 1/300，低于钢尺量距，测定高差的精度低于水准测量和三角高程测量。视距测量广泛用于地形测量的碎部测量中。

4.1.1　视准轴水平时的视距计算公式

如图 4-1 所示，欲测定 A、B 两点间的水平距离 D 及高差 h。将经纬仪安置在 A 点，B 点竖立视距尺。当望远镜视线水平时，瞄准视距尺，此时，视线与视距尺面相垂直，对光后视距尺成像在十字丝平面上，即视距尺上 M 点和 N 点的像与视距丝 m 点和 n 点相重合。通过上、下视距丝 m、n，可以在视距尺上读取 M、N 两点的读数，其读数差用 l 表示，称为视距间隔。当视线水平时，上、下丝在标尺上所截取的间隔乘以 100 便是仪器至立尺点的平距，即

$$D = Kl \tag{4-1}$$

由图 4-1 还可以看出，当视线水平时，A、B 两点的高差为

$$h = i - v \tag{4-2}$$

式中　i——桩顶到仪器横轴中心的距离，称为仪器高（精确至厘米即可）；

v——十字丝中横丝在视距尺上的读数，简称中丝读数或截尺高。

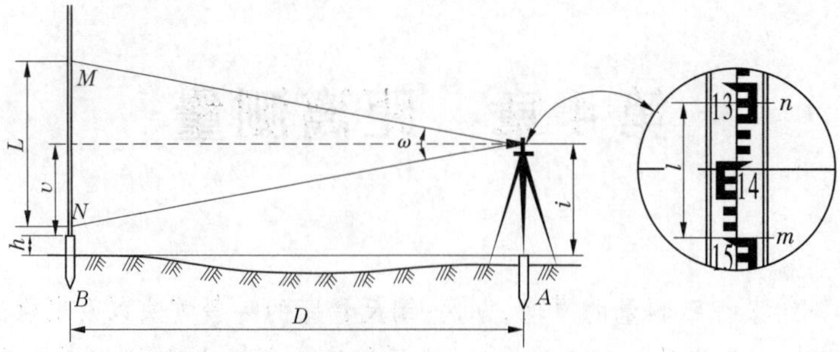

图 4-1　视准轴水平时的视距测量原理

4.1.2　视准轴倾斜时的视距计算公式

如图 4-2 所示，当视准轴倾斜时，由于视线不垂直于视距尺，所以不能直接应用式(4-1)计算视距。由于 ω 角很小，约为 $34'$，所以有 $\angle OM'M = Z$，假想有一根尺子绕 O 点旋转，让它与望远镜的视准轴垂直，即可得到：$l' = l\sin Z$，从而得出倾斜距离 QO：$L = Kl' = Kl\sin Z$。然后利用三角函数计算出水平距离 D：

$$D = Kl\sin^2 Z \tag{4-3}$$

设 A、B 的高差为 h，如图 4-2 所示容易得出方程

$$v + h = h' + i \tag{4-4}$$

式中，$h' = L\cos Z = Kl\sin Z\cos Z = \dfrac{D}{\tan Z}$，将其代入式(4-4)，得高差公式为

$$h = \frac{D}{\tan Z} + i - v \tag{4-5}$$

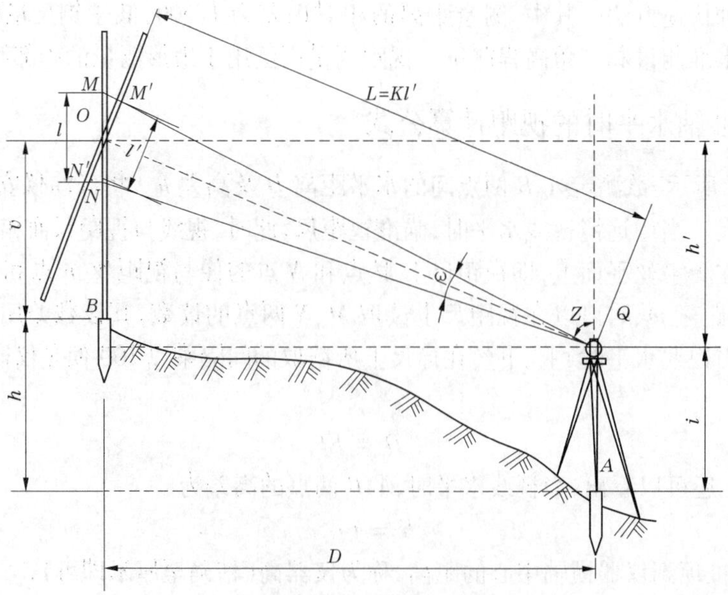

图 4-2　视准轴倾斜时的视距测量原理图

4.1.3 视距测量的施测

现欲用视距测量的方法测定 A、B 两点间的水平距离 D 和高差 h，具体施测步骤如下：

(1)在 B 点(待求点)上竖立标尺。

(2)在 A 点(已知点)上安置经纬仪，量取仪器高 i(取至厘米)；用盘左(视距测量只用盘左一个盘位)瞄准标尺(尽量让中丝读数等于仪器高)，旋转竖盘指标水准管微动螺旋，使竖盘指标水准管气泡居中，读取竖盘读数 L(读至分)，此时盘左读数 L 就是天顶距 Z(指标差 x 很小，可忽略不计，但若竖盘指标差较大，就应进行指标差改正)；再读得中丝读数 v(取至厘米)。

(3)旋转望远镜的微动螺旋，让上丝或下丝对准标尺上的某一整刻划(调整范围不可太大)，直接数出 Kl(取至分米)。

(4)可按式(4-3)、式(4-5)计算水平距离 D(算至分米数)及高差 h(算至厘米数)。若测站点 A 的高程已知为 H_A，则待求点 B 的高程为：$H_B = H_A + h_{AB}$。

视距测量记录、计算手簿见表 4-1。

表 4-1 视距测量记录、计算手簿

测站：A　　测站高程：26.58 m　　仪器高：$i = 1.45$ m　　指标差：$x = 0$

点名	Kl	中丝读数	竖盘读数 (° ′)	平距 (m)	高差 (m)	高程 (m)
1	124.0	1.45	90 26	124.0	-0.94	25.64
2	145.0	1.45	88 34	144.9	+3.63	30.21
3	86.5	2.45	91 14	86.5	-2.86	23.72
4	66.8	2.00	92 06	66.7	-3.00	23.58

4.1.4 视距测量的主要误差来源及消减方法

视距测量的主要误差来源有以下几项。

4.1.4.1 视距乘常数 K 和视距尺的分划误差

一般我们都确认视距乘常数 $K = 100$，但由于观测时温度和气压会发生变化或由于本身仪器制造工艺上的原因等导致 K 值不一定恰好等于 100，视距尺上的分划也不一定均匀、准确。消减的方法是：在测量前对视距常数 K 和视距尺进行检验，以减少其误差的影响。

4.1.4.2 视距丝读数误差

视距间隔是由上、下视距丝在标尺的读数相减而求得的，当眼睛位置变动或视距丝本身所具有一定宽度的影响，都会使估读值产生误差。为了减弱此项误差，在观测时我们应当精心对光，消除视差，并尽量不变动眼睛的位置；同时利用望远镜的微动螺旋使上丝或下丝截取整分划值，以减少一次估读误差。

4.1.4.3 **标尺倾斜误差**

视距计算公式都是在标尺严格竖直的情况下得到的，但在实际工作中，标尺严格竖直往往是难以做到的，因而对视距间隔必将产生误差，而且是随视线的竖直角的增大而增大。实践表明，若所测水平距离为 100 m，标尺倾斜 2°，天顶距在 85°或 95°，所引起的距离误差约为 0.3 m；当天顶距为 70°或 110°时，所引起的距离误差约为 1.3 m。因此，为减弱此项误差，所使用的标尺应尽可能竖直，尺上要安装水准器，读取竖直角或天顶距时一定要使指标水准管气泡严格居中。

4.1.4.4 **外界条件的影响**

如竖向折光影响使视线不成直线（越近地面影响越大），水汽蒸腾时的折光影响会使得成像晃动、跳跃。风力加强会使仪器和标尺不稳定，尘雾弥漫使标尺看不清等都会导致视距测量产生误差。为了减弱这些外界因素的影响，应尽可能避免在烈日下、尘雾中进行观测，并且应使视线离开地面至少 1 m 以上。

4.2 钢尺量距

地面点沿铅垂线方向投影到水平面以后，投影点之间的距离，称为水平距离。距离测量是基本测量工作之一，其目的就是测量地面点之间的水平距离。钢尺量距虽精度较高，但易受地形限制，且丈量长距离时工作量大。因此，它适合于平坦地区且较短距离的测量。

4.2.1 钢尺量距的工具

钢尺量距所用的工具有钢尺、测钎、标杆、弹簧秤和温度计、垂球等。

4.2.1.1 **钢尺**

钢尺，又叫钢卷尺，是由薄钢带制成的，其宽 1 ~ 1.5 cm，厚约 0.4 mm，尺长有 20 m、30 m 和 50 m，有盒装和架装两种，如图 4-3 所示。钢尺的基本分划为厘米，每 10 cm 有一注记，有的钢尺在起点处 10 cm 内刻有毫米分划，大部分的钢尺全长都刻有毫米分划。按尺的零点位置不同，钢尺又可分为端点尺和刻线尺两种。以钢尺最外端作为尺子零点的称为端点尺，如图 4-4(a)所示；在尺子的前端尺身中刻有零分划线的称为刻线尺，如图 4-4(b)所示。由于端点尺零点处的拉环受力后容易变形，从而导致长度的不准确，所以钢尺中绝大多数是刻线尺。

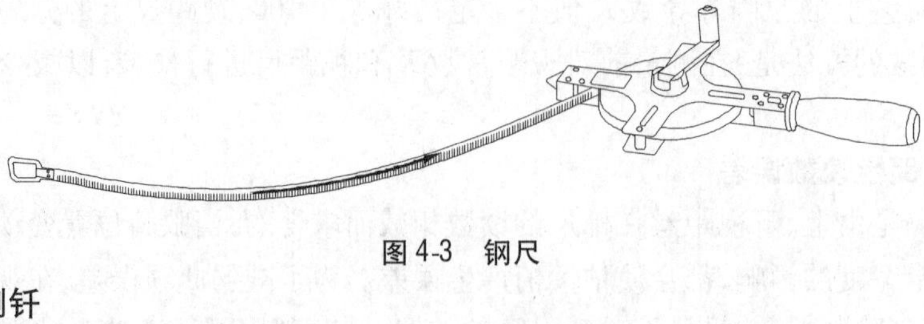

图 4-3 钢尺

4.2.1.2 **测钎**

如图 4-5(a)所示，测钎是用粗铁丝或细钢筋做成的，长 30 ~ 40 cm，一般 10 根左右为一组,套在一个圆环上。测钎主要用于标定尺段端点位置和计算丈量的尺段数。

4.2.1.3　标杆

标杆,又称花杆,如图 4-5(b)所示,一般为长 2 ~ 3 m、直径为 3 ~ 4 cm 的木质或铝合金圆杆,杆身每 20 cm 涂有红、白相间的油漆,目的是为了醒目、容易发现。杆的下端装有锥形铁脚,便于插入泥土中,主要是用来标点和定线。

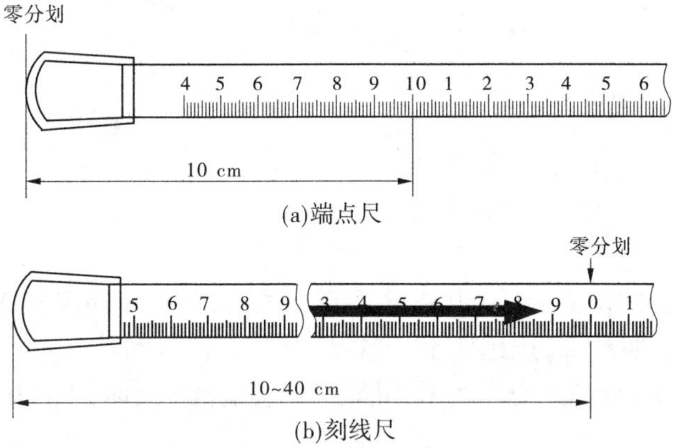

(a)端点尺

(b)刻线尺

图 4-4　钢尺的分划

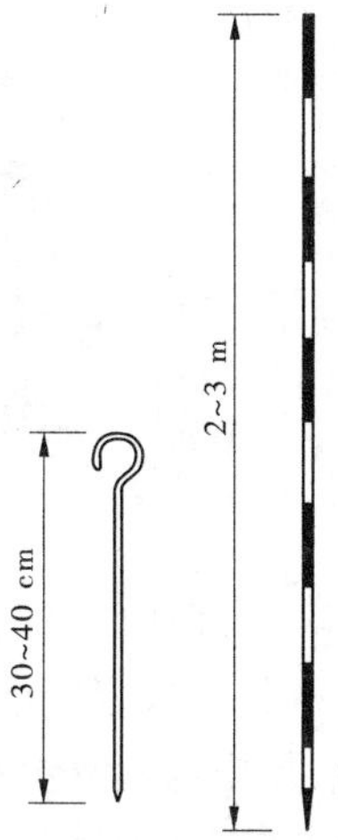

(a)测钎　(b)标杆

图 4-5　测钎和标杆

4.2.1.4　弹簧秤和温度计

弹簧秤和温度计,如图 4-6 所示,一般在钢尺的精密量距中使用,用以测定钢尺在精密量距时的拉力和温度。

(a) 弹簧秤　(b) 温度计

图 4-6　弹簧秤和温度计

4.2.1.5　垂球

垂球主要是用来对点、标点和投点的。

4.2.2　钢尺量距的一般方法

4.2.2.1　直线定线

当地面两点之间的距离大于钢尺的一个尺段,就需要在直线方向上标定若干个尺段点,以便于用钢尺分段丈量。直线定线的目的是:使这些分段点在待量直线端点的连线上,其方法有以下两种。

1. 目测定线

目测定线适用于钢尺量距的一般方法。设 A、B 两点互相通视,如图 4-7 所示,要在 A、B 两点的直线上标出分段点 1、2 点。先在 A、B 点上竖立标杆,甲站在 A 点标杆后约 1 m 处,指挥乙左右移动标杆,直到甲从在 A 点沿标杆的同一侧看到 A、2、B 三支标杆成一条线。同法可以定出直线上的其他点。两点间定线,一般应由远到近,即先定1点,再定2点。定线时,乙所持标杆应竖直,利用食指和拇指夹住标杆的上部,稍微提起,利用重心使标杆自然竖直。此外,为了不挡住甲的视线,乙应持标杆站立在直线方向的左侧或右侧。

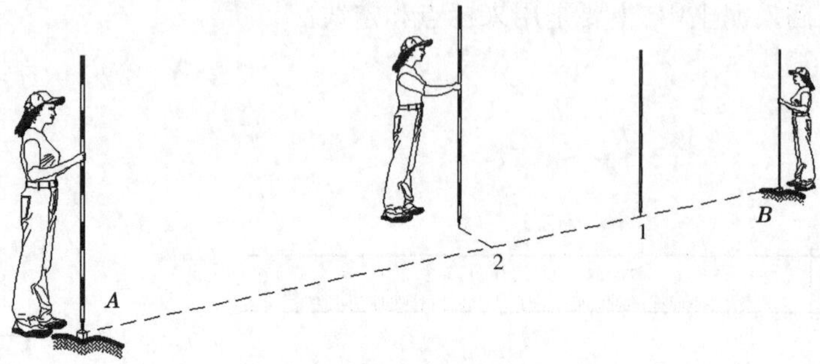

图4-7 目测定线

2. 经纬仪定线

经纬仪定线适用于钢尺量距的精密方法。设 A、B 两点互相通视,将经纬仪安置在 A 点,用望远镜纵丝瞄准 B 点,制动照准部,望远镜上下转动,指挥在两点间某一点上的助手,左右移动标杆,直至标杆像为纵丝所平分。为减小照准误差,精密定线时,可以用直径更细的测钎或垂球线代替标杆。

4.2.2.2 平坦地面的丈量方法

丈量工作一般由两人进行。如图4-8所示,清除待量直线上的障碍物后,在直线两端点 A、B 竖立标杆,后尺手持钢尺的零端位于 A 点,前尺手持钢尺的末端和一组测钎沿 AB 方向前进,行至一个尺段处停下。后尺手用手势指挥前尺手将钢尺拉在 AB 直线上,后尺手将钢尺的零点对准 A 点,当两人同时把钢尺拉紧后,前尺手在钢尺末端的整尺段长分划处竖直插下一根测钎(如果在水泥地面上丈量插不下测钎,也可以用粉笔在地面上画线做记号)得到1点,即量完一个尺段。前、后尺手抬尺前进,当后尺手到达插测钎或划记号处时停住,再重复上述操作,量完第二尺段。后尺手拔起地上的测钎,依次前进,直到量完 AB 直线的最后一段为止。最后一段距离一般不会刚好是整尺段的长度,称为余长。丈量余长时,前尺手在钢尺上读取余长值,则最后 A、B 两点间的水平距离为

$$D = nl + q \tag{4-6}$$

图4-8 平坦地面的距离丈量

式中 l——钢尺的一整尺长度；

n——整尺段数；

q——不足一整尺的余长。

为了进行检核并提高丈量的精度，一般要往、返各丈量一次，取其平均值作为最后的结果。往测丈量后，马上调转尺头，从 B 至 A，按上述同样的方法，丈量至 A 点为止。距离丈量的精度高低，通常是用相对误差来衡量的，即

$$f = \frac{|D_{往} - D_{返}|}{\dfrac{D_{往} + D_{返}}{2}} = \frac{1}{\dfrac{D_{平均}}{|D_{往} - D_{返}|}} = \frac{1}{K} \tag{4-7}$$

往往将相对误差 f 化成分子为 1 的形式，分母愈大，则表明量距的精度愈高。在一般情况下，平坦地区丈量的精度应不低于 1/2 000；在特殊困难地区，其相对误差应不低于 1/1 000。

4.2.2.3 倾斜地面的丈量方法

1. 平量法

沿倾斜地面丈量距离，当地势起伏不大时，可将钢尺拉平丈量。丈量由 A 点向 B 点进行，甲立于 A 点，指挥乙将尺拉在 AB 方向线上。甲将尺的零端对准 A 点，乙将钢尺抬高，并且目估使钢尺水平，然后用垂球尖将尺段的末端投点到地面上，插上测钎。

若地面倾斜较大，将钢尺抬平有困难，可将一个尺段分成几个小段来平量，如图 4-9 所示。

平量法应当注意以下两点：①尺段长短视地面坡度大小来决定，每一尺段的长短应尽量一样，一般前尺员（低处的拉尺员）的拉尺高度应保持在腰部以下，这样既能用上力将钢尺拉平，又能看清、读准垂球线所处的尺面整分划读数。②倾斜地面的平量法不能由低处向高处量，只能从高处点向低处点丈量两次，然后取平均值作为最后结果。

2. 斜量法

如图 4-10 所示，当倾斜地面的坡度比较均匀时，可以沿着斜坡丈量出 A、B 的斜距 L，再用经纬仪测出地面的倾角 α（天顶距 Z）或用水准仪测出两点高差 h，然后按下式计算出 A、B 的水平距离 D：

$$D = L\cos\alpha = L\sin Z = \sqrt{L^2 - h^2} \tag{4-8}$$

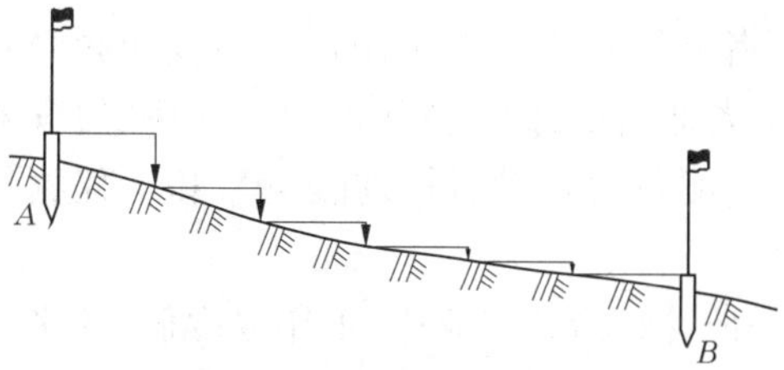

图 4-9 平量法示意图

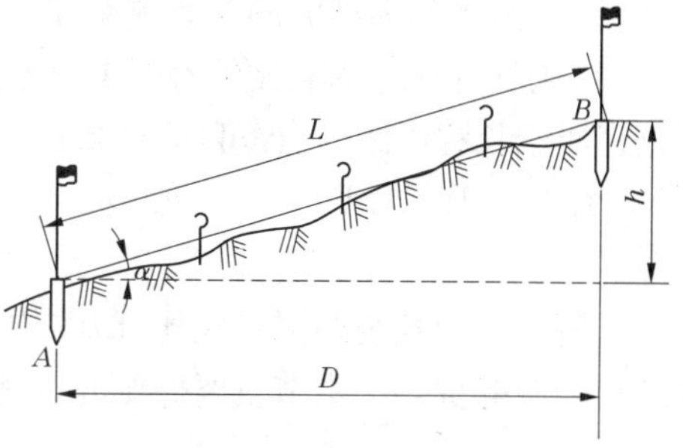

图 4-10 斜量法示意图

4.2.3 钢尺量距的精密方法

用一般方法量距，其相对误差只能达到1/1 000~1/5 000，当要求量距的相对误差更小（例如1/10 000~1/40 000）时，这就要求用精密方法进行丈量。

精密方法量距的主要工具为钢尺、弹簧秤、温度计、尺夹等。其中，钢尺必须经过检验，并得到其检定的尺长方程式。

随着电磁波测距仪和全站仪的逐渐普及，现在，测量人员已经很少使用钢尺精密方法丈量距离，需要了解这方面内容的读者请参考有关的书籍。

4.2.4 钢尺的维护

(1)钢尺易生锈，丈量结束后应用软布擦去尺上的泥和水，涂上机油以防生锈。

(2)钢尺易折断，如果钢尺出现卷曲，切不可用力硬拉。

(3)丈量时，钢尺末端的持尺员应该用尺夹夹住钢尺后手握紧尺夹加力，没有尺夹时，可以用布或者纱手套包住钢尺代替尺夹，切不可手握尺盘或尺架加力，以免将钢尺拉出。

(4)在行人和车辆较多的地区量距时，中间要有专人保护，以防止钢尺被车辆碾压而折断。

(5)不准将钢尺沿地面拖拉，以免磨损尺面分划。

(6)收卷钢尺时，应按顺时针方向转动钢尺摇柄，切不可逆转，以免折断钢尺。

4.3 电磁波测距

电磁波测距，简称EDM，是用电磁波（光波或微波）作为载波传输测距信号，以测量两点间距离的一种方法。世界上第一台电磁波测距仪于1953年由瑞典AGA公司（现在合并到美国Trinble公司）研制成功，仪器采用5mw氦—氖激光器发射的激光作为载波，白天测距为40 km，夜间测程为60 km，测距精度为±(5 mm+1 ppm)，主机重23 kg 。

电磁波测距仪按其所采用的载波可分为以下几种：

(1)用微波段的无线电波作为载波的微波测距仪；

(2)用激光作为载波的激光测距仪；

(3)用红外光作为载波的红外测距仪，后两者又统称为光电测距仪。微波和激光测距仪多属于长程测距，测程可达60 km，一般用于大地测量；而红外测距仪属于中、短程测距仪（测程为15 km以下），一般用于小地区控制测量、地形测量、地籍测量和工程测量等。

与钢尺量距及视距测量相比，EDM具有测程长、精度高、作业快、工作强度低，几乎不受地形限制等优点。本节主要介绍光电测距仪的基本原理。

4.3.1 光电测距仪的基本原理

如图4-11所示，光电测距仪是通过测量光波在待测距离 D 上往、返传播一次所需要

的时间 t_{2D}，依式(4-8)来计算待测距离 D：

$$D = \frac{1}{2}ct_{2D}$$

$$c = \frac{c_0}{n} \tag{4-9}$$

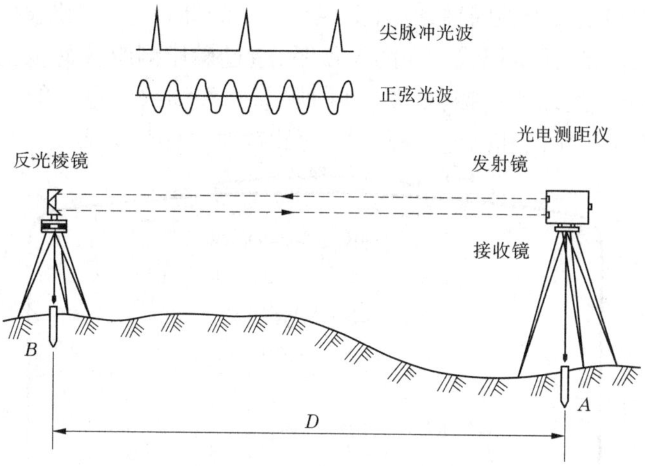

图 4-11　光电测距原理图

式中　c——光在大气中的传播速度；

c_0——光在真空中的传播速度，迄今为止，人类所测得精确值为 c_0 = 299 792 458 m/s ± 1.2 m/s；

n——大气折射率($n \geqslant 1$)，是光的波长 λ、大气温度 t 和气压 p 的函数，即

$$n = f(\lambda, t, p) \tag{4-10}$$

由于 $n \geqslant 1$，所以 $c \leqslant c_0$，也即光在大气中的传播速度要小于其在真空中的传播速度。

红外测距仪一般采用 GaAs(砷化镓)发光二极管发出的红外光作为光源，其波长 λ = 0.85 ~ 0.93 μm。对一台红外测距仪来说，λ 是一个常数，则由式(4-10)可知，影响光速的大气折射率 n 只随大气的温度 t、气压 p 而变化，这就要求我们在光电测距作业中，必须实时测定现场的大气温度和气压，并对所测距离施加气象改正。

根据测量光波在待测距离 D 上往、返一次传播时间 t_{2D} 方法的不同，光电测距仪可分为脉冲式和相位式两种。

脉冲式光电测距仪是将发射光波的光强调制成一定频率的尖脉冲，通过测量发射的尖脉冲在待测距离上往、返传播的时间来计算距离。如图 4-12 所示，在尖脉冲光波离开测距仪发射镜的瞬间，触发打开电子门，此时，时钟脉冲进入电子门填充，计数器开始计数。在仪器接收镜接收到由棱镜反射回来的尖脉冲光波的瞬间，关闭电子门，计数器停止计数。设时钟脉冲的振荡频率为 f_0，周期为 $T_0 = 1 / f_0$，计数器计得的时钟脉冲个数为 q，则

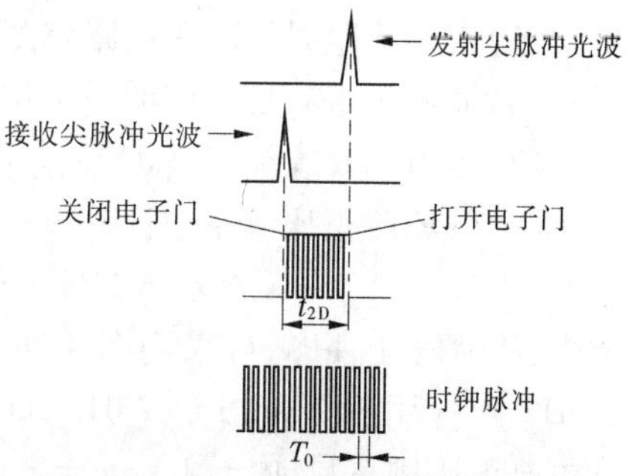

图 4-12　脉冲测距原理图

$$t_{2D} = qT_0 = \frac{q}{f_0} \tag{4-11}$$

4.3.2 ND3000 红外测距仪及其使用

图4-13是南方测绘公司生产的ND3000红外相位式测距仪，它自带望远镜，望远镜的视准轴、发射光轴和接收光轴同轴，可以安装在电子经纬仪上。测距时，测距仪瞄准棱镜测距，经纬仪瞄准棱镜，测量视线方向的天顶距，通过操作测距仪面板上的键盘也可用电缆线将测距仪和电子经纬仪连接，如图4-14所示，将经纬仪测量出的天顶距输入到测距仪中，可以计算出水平距离和高差。图4-15为棱镜对中杆与支架。

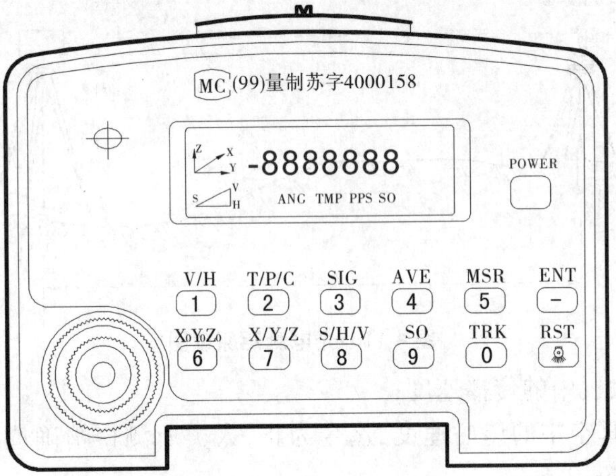

图4-13 ND3000红外测距仪

4.3.2.1 ND3000的主要技术指标

(1)红外光源波长为0.865 μm。

(2)测尺长及对应的调制频率。

精测尺：$\lambda_s/2 = 10$ m，$f = 14.835\ 546$ MHz。

粗测尺1：$\lambda_s/2 = 1\ 000$ m，$f = 148.355\ 46$ kHz。

粗测尺2：$\lambda_s/2 = 10\ 000$ m，$f = 14.835\ 546$ kHz。

(3)测程为2 500 m(单棱镜)、3 500 m(三棱镜)。

(4)标称精度为±(5 mm+3 ppm)。

(5)正常测距时间为3 s，跟踪测距，初始测距为3 s，以后每次测距0.8 s。

(6)显示为带有灯光照明的7位数字液晶显示，最小显示距离为1 mm。

(7)供电为6镍镉(NiCd)可充电电池。

(8)气象改正比例系数计算公式为：

$$\Delta D_1 = 278.96 - 0.290\ 4P/(1 + 0.003\ 66lt) \tag{4-12}$$

式中，P为气压，hPa，可采用图4-16所示的空盒气压表测量(有些气压表的测量单位为mmHg，可应用760 mmHg=1 013.347 hPa进行换算)，计算出的ΔD_1是以ppm为单位的气象改正比例系数，由于1 ppm=1 mm/km，所以它也代表每千米的比例改正长度。可以将测距时的温度和气压输入仪器，由仪器自动计算出所测距离时施加气象比例改正。

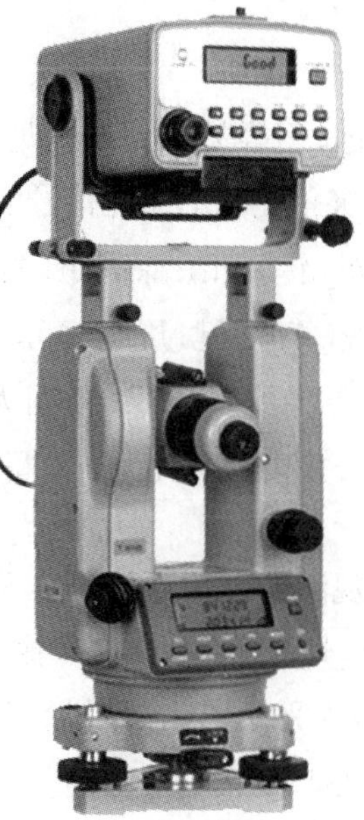

图 4-14　测距仪与电子经纬仪连接

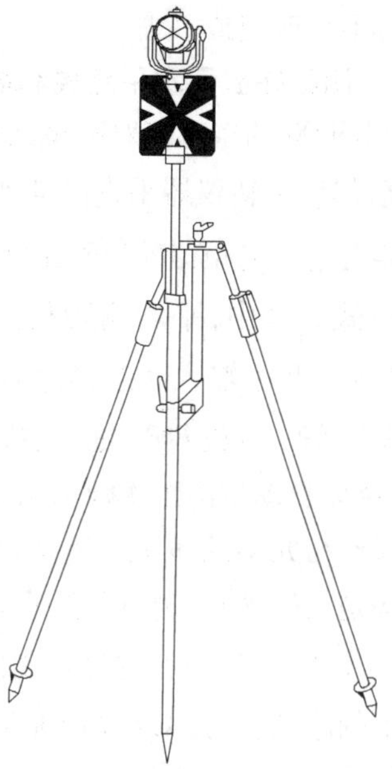

图 4-15　棱镜对中杆与支架

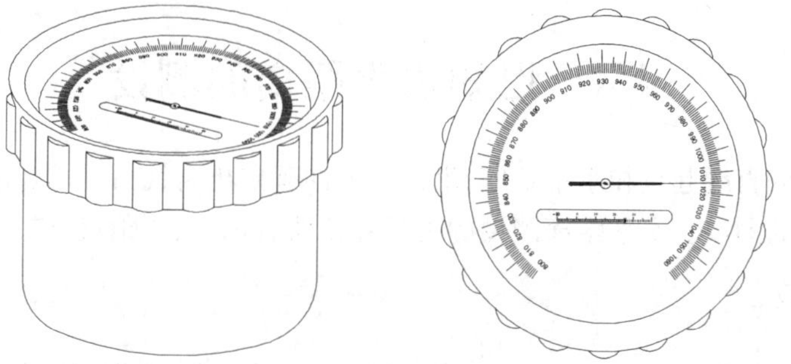

图 4-16　空盒气压表

4.3.2.2　ND3000 的操作简介

在测站安置好仪器后，按POWER键开机，屏幕顺序显示当前温度、气压和棱镜常数后，仪器进入自检，当屏幕显示“Good”字样时，表示自检正常。

按T/P/C状态行显示“TMP”，屏幕显示当前设置的温度值，按ENT键进入数字输入状态，可以使用数字键输入新温度值（范围为 -20 ~ +50 ℃），完成后按RST键退出数字输入状态；或者再按T/P/C键，状态行显示“PRS”，屏幕显示当前设置的气压值，按ENT键进入数字输入状态，可以使用数字键输入新气压值（范围为 533 ~ 1 332 hPa），完成后按RST键退出数字输入状态；或者再按T/P/C键，屏幕显示当前设置的棱镜常数值（出厂预置为 -30 mm，显示为“P -030”），按ENT键进入数字输入状态，用户可以输入新的棱镜常数值（必须是三位数，前面添 0，范围为 -999 ~ +999 mm），完成后按RST键退出数字输入状态。

新输入的温度、气压和棱镜常数值保存在仪器内，直至再次输入新值为止，关机或拔出电池都不会改变或丢失。

4.3.2.3 测距并显示水平距离和高差

用ND3000的望远镜对准镜站棱镜中心，若距离远，不容易找到或能见度太低，可按 SIG 键，然后旋转仪器垂直微动和水平调整螺旋，使屏幕显示的回光信号数字最大。

仪器有连续测距（按 MSR 键）、平均测距（按 AVE 键）和跟踪测距（按 TRK 键）三种测距模式。其中，平均测距模式的操作步骤为：按 AVE 键，屏幕显示“AVE01”，按 ENT 键进入数字输入状态，使用数字键输入新的测距次数如“05”（范围为02～99次）后，按 AVE 键，再按 MSR 键，仪器自动5次距离测量，并显示5次距离测量的平均值，关闭电源，仪器自动将测距次数值恢复为“01”

如仪器与光学经纬仪连接，测距前应输入经纬仪观测的天顶距值。输入87°26′45″的操作方法是：按 V/H 键，屏幕显示“000.00.00”，按 ENT 键进入数字输入状态，输入0872645；按 MSR 键测距并显示斜距，按 S/H/V 键显示水平距离，它是投影到过仪器中心水平面上的距离；再按 S/H/V 键显示高差，它是仪器中心与棱镜中心的高差。

如仪器与南方测绘公司的电子经纬仪连接，则按 V/H 键可将电子经纬仪当前视线方向的天顶距和水平角自动传入仪器内。

4.4 已知水平距离的测设

根据给定的直线起点和水平长度，沿已知方向确定出直线另一端点的测量工作，称为已知水平距离的测设。水平距离测设的工具和仪器有钢尺、测距仪，或全站仪。

4.4.1 钢尺法

钢尺法只宜用于测设长度小于一个整尺段的水平距离，根据量距精度的要求常选择一般量距法，精密量距法因工作强度太大已很少应用。对需要精密测设的水平距离，通常采用EDM或全站仪测设。

4.4.2 光电测距仪法

如图4-17所示，需要在倾斜坡面上测设一段水平距离 $D=101.234$ m，使用ND3000测距仪测设 D 的操作步骤如下：

（1）测量大气压力和温度。

使用空盒气压表测量出大气压力，假设为1 015 hPa；用通风干湿温度计测量出大气温度，假设为 $t=26$ ℃。

（2）输入测量的大气压力和温度值。

在测站安置好仪器，按 POWER 键开机，按 T/P/C 键，状态行显示“TMP”，屏幕显示当前设置的温度值，按 ENT 键进入数字输入状态，使用数字键输入测量的温度值26；再按 T/P/C 键，状态行显示“PRS”，屏幕显示当前设置的气压值，按 ENT 键进入数字输入状

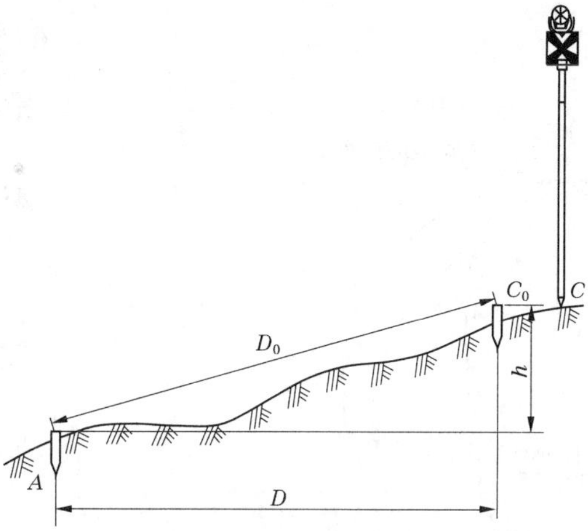

图 4-17　水平距离测设方法

态，使用数字键输入测量的气压值 1 015，完成后按 RST 键，退出数字输入状态。

（3）测距与显示水平距离。

使经纬仪盘左照准 C 点竖立的标杆或使水平度盘读数为设计方向值，指挥司镜员在 AC 方向上安置棱镜对中杆（见图 4-17），使经纬仪和 EDM 照准棱镜中心；在经纬仪的读数窗口读取竖盘读数 L，按 V/H ENT 键进入数字输入状态，输入竖盘读数 L，按 MSR 键测距并显示斜距，按 S/H/V 键显示水平距离，计算 ΔD = 显示水平距离 - 101.234，根据 ΔD 的大小指挥司镜员沿视线方向，向前或向后移动棱镜。当 ΔD 较小时，宜用小钢尺沿仪器视线方向在地面量取 ΔD，再在新点安置棱镜对中杆，重复上述操作，直至 $\Delta D = 0$ 为止。

（4）当测设现场坡度不大时，可以使用 ND3000 的放样功能。

操作方法如下：使经纬仪望远镜视准轴水平，调整棱镜对中杆的高度，使觇标中心与经纬仪望远镜在同一水平面上；按 SO ENT 键，输入 101.234，按 MSR 键测距，屏幕自动显示 ΔD 值，根据 ΔD 的大小指挥司镜员沿视线方向，向前或向后移动棱镜，直至 $\Delta D = 0$ 为止。

4.5　直线定向

确定一条直线与标准方向间的水平夹角称为直线定向。

4.5.1　标准方向的分类

4.5.1.1　**真子午线方向**

如图 4-18 所示，地表任一点 P 与地球旋转轴所组成的平面与地球表面的交线称为 P 点的真子午线，真子午线在 P 点的切线方向称为 P 点的真子午线方向。可以应用天文测量方法或者陀螺经纬仪来测定地表任一点的真子午线方向。图 4-19 为西安第 1001 工厂生产的陀螺经纬仪。

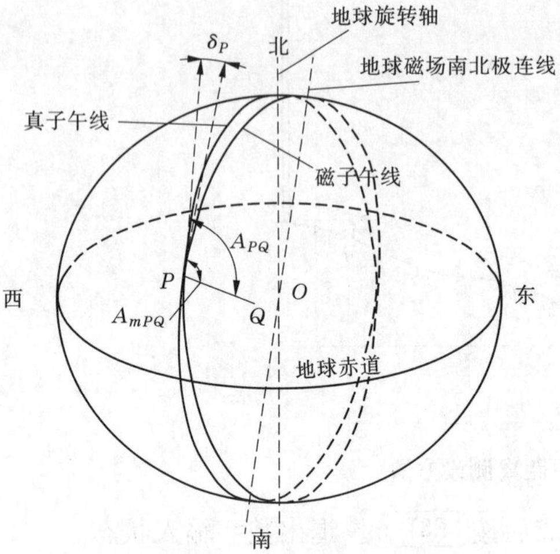

图 4-18　A_{PQ}与 A_{mPQ}的关系图

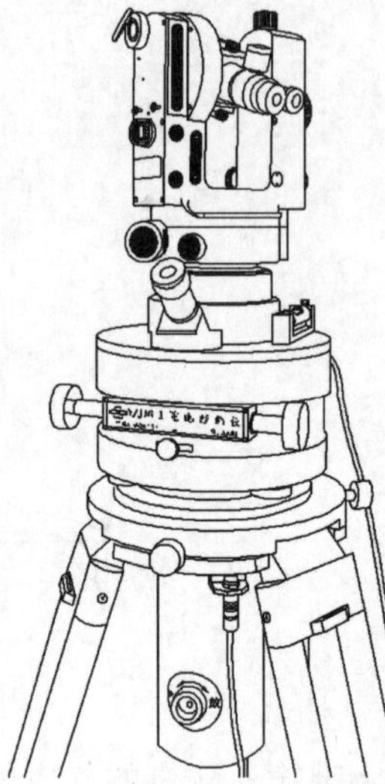

图 4-19　陀螺经纬仪

4.5.1.2　磁子午线方向

地表任一点 P 与地球磁场南北极连线所组成的平面与地球表面交线称为 P 点的磁子午线，磁子午线在 P 点的切线方向称为 P 点的磁子午线方向。可以应用罗盘仪来测定，在 P 点安置罗盘，磁针自由静止时其轴线所指的方向即为 P 点的磁子午线方向。

4.5.1.3　坐标纵轴方向

过地表任一点 P 且与其所在的高斯平面直角坐标系或者假定坐标系的坐标纵轴平行的直线称为 P 点的坐标纵轴方向。

4.5.2　表示直线方向的方法

我们通常用方位角来表示直线的方向，其定义为：由标准方向的北端顺时针到直线的水平夹角。方位角的取值范围是 0°～360°。利用上述介绍的三个标准方向，可以对地表任一直线 PQ 定义三个方位角。

(1)由过 P 点的真子午线方向的北端顺时针到 PQ 的水平夹角，称为 PQ 的真子午线方位角，用 A_{PQ}表示。

(2)由过 P 点的磁子午线方向的北端顺时针到 PQ 的水平夹角，称为 PQ 的磁子午线方位角，用 A_{mPQ}表示。

(3)由过 P 点的坐标纵轴方向的北端顺时针到 PQ 的水平夹角，称为 PQ 的坐标方位角，用 α_{PQ}表示。

由于地球的南北极与地球磁场的南北极不重合，过地面任一点 P 的真子午线方向与磁子午线方向也不重合，两者间的水平夹角称为磁偏角，用 δ_P 表示，其正负的定义为：以真子午线方向北端为基准，磁子午线方向北端偏东 $\delta_P > 0$，偏西 $\delta_P < 0$。图 4-18 中的 $\delta_P > 0$，由图可得

$$A_{PQ} = A_{mPQ} + \delta_P \tag{4-13}$$

我国偏角的变化为 $+6° \sim -10°$。

在高斯平面直角坐标系中，过其内任一点的真子午线是收敛于地球旋转轴南北两极的曲线。所以，只要该点不在赤道上，其真子午线方向与坐标纵轴方向就不重合，两者间的水平夹角称为子午线收敛角，用 γ_P 表示。其正负的定义为：以真子午线方向北端为基准，坐标纵轴方向北端偏东 $\gamma_P > 0$，偏西 $\gamma_P < 0$ 。图 4-20 中的 $\gamma_P > 0$，由图可得

$$A_{PQ} = \alpha_{PQ} + \gamma_P \tag{4-14}$$

其中，P 点的子午线收敛角可以按下列公式计算

$$\gamma_P = (L_P - L_0)\sin B_P \tag{4-15}$$

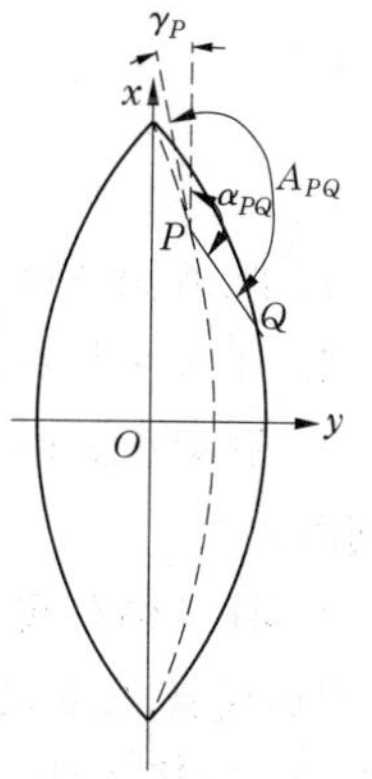

图 4-20　A_{PQ} 与 α_{PQ} 的关系

式中　L_0——P 点所在中央子午线的经度；

L_P, B_P——P 点的大地经度和纬度。

由式(4-13)和式(4-14)可得

$$\alpha_{PQ} = A_{mPQ} + \delta_P - \gamma_P \tag{4-16}$$

4.5.3　用罗盘仪测定直线磁方位角的方法

欲测直线 AB 的磁方位角，将罗盘仪安置在直线起点 A，挂上垂球对中，松开球臼接头螺旋，用手前、后、左、右转动刻度盘，使水准器气泡居中，拧紧球臼接头螺旋，使仪器处于对中和整平状态。松开磁针固定螺旋，让它自由转动，然后转动罗盘，用望远镜照准 B 点标志，待磁针静止后，按磁针北端（一般为黑色一端）所指的度盘分划值读数，即为 AB 边的磁方位角角值，如图 4-21 所示。使用时，要避开高压电线和避免铁质物体接近罗盘，在测量结束后，要旋紧固定螺旋将磁针固定。

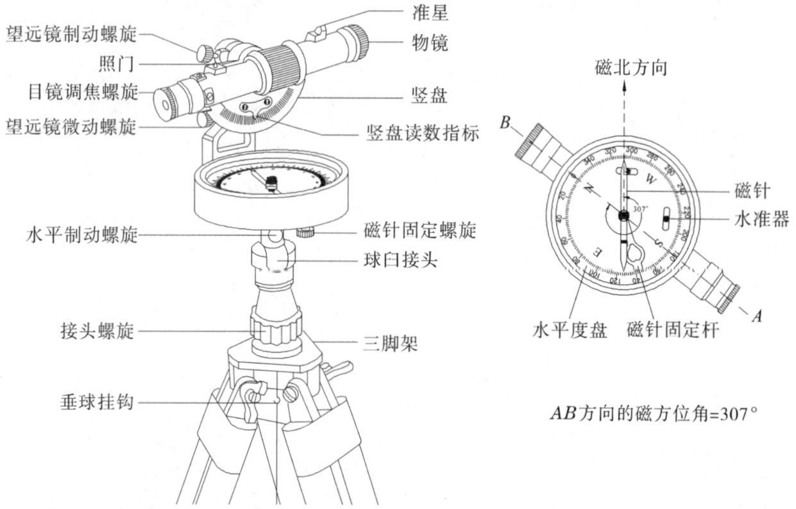

图 4-21　罗盘仪

思考题与练习题

1. 距离测量的方法主要有哪几种？

2. 什么叫标杆定线？为什么要进行标杆定线？如何进行标杆定线？

3. 影响视距测量精度的因素主要有哪些？在山丘区进行视距测量时，应特别注意什么问题？

4. 将经纬仪安置在测站 A 点上（已知 $H_A = 21.246$ m），量得仪器高 $i = 1.42$ m，盘左时，望远镜照准立在 B 点上的地形尺，三丝读数分别为 1.460 m、1.050 m、0.640 m，竖盘读数为 86°36′（若 $x = 0$），试求 D_{AB} 和 H_B。

5. 用钢尺丈量了 AB、CD 两段距离，AB 的往测值为 206.32 m，返测值为 206.17 m；CD 的往测值为 102.83 m，返测值为 102.74 m。问这两段距离丈量的精度是否相同？为什么？

6. 什么叫直线定向？方位角的定义和取值范围？

7. 真子午线方向与磁子午线两者间的水平夹角称为什么？真子午线方向与坐标纵轴方向两者间的水平夹角称为什么？

8. 如在合肥地区用罗盘仪测得 AB 直线的磁方位角为 86°36′45″，合肥的磁偏角为 3°52′，收敛角为 −26′23″，问 AB 的坐标方位角为多少？

第5章　全站仪及其使用

本章提要

本章简要介绍全站仪的原理。重点讲述中翰集团生产的T－605中文数字键全站仪的操作和使用。简要叙述了当今几款最新的高端全站仪，通过本章的学习，读者应基本掌握全站仪使用的操作。

5.1　全站仪概述

全站仪是由电子测角、光电测距、电子传感器及微型机和软件组合而成的智能型光电测量仪器，其结构如图5-1所示。

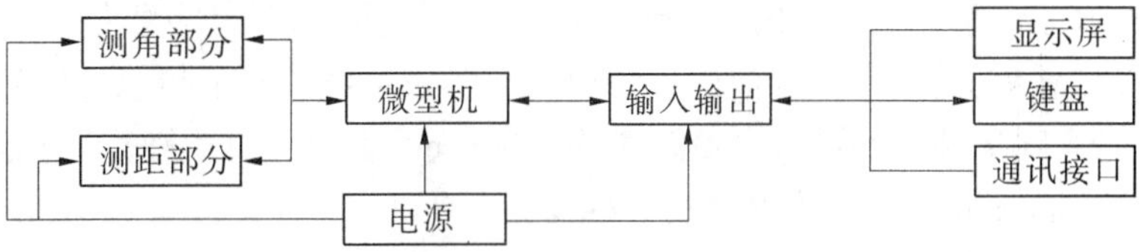

图5-1　全站仪结构框图

全站仪的基本功能是测量水平角、天顶距（竖直角）和斜距，借助于机内固化的软件，可以组成多种测量功能，如可以计算并显示平距、高差以及镜站点的三维坐标，进行偏心测量、悬高测量、对边测量、面积计算等。

5.1.1　三同轴望远镜

在全站仪的望远镜中，照准目标的视准轴、光电测距的红外光发射光轴和接收光轴是同轴的。因此，测量时使望远镜照准目标棱镜的中心，就能同时测定水平角、垂直角和斜距。

5.1.2　键盘操作

全站仪测量是通过键盘输入指令进行操作的，键盘上的键分为硬键和软键两种。每个硬键有一个固定功能，或兼有第二、三功能；软键（一般为(F1)、(F2)、(F3)、(F4)等）的功能通过屏幕最下一行相应位置显示的字符提示，在不同的菜单下，软键一般具有不同的功能。

5.1.3　数据存储与通讯

主流全站仪机内一般都带有可以存储至少8 000个点观测数据的内存，有些还配有CF卡来增加存储容量。仪器上设有一个标准的RS－232C通讯接口，使用专用电缆与计算机的COM口连接，通过专用软件可以实现全站仪与计算机的双向数据传输。

5.1.4　电子传感器

仪器未精确整平，致使竖轴倾斜引起的角度观测误差不能通过盘左、盘右观测取平均值抵消。为了消除竖轴倾斜误差对角度观测的影响，全站仪一般设置有电子传感器。当它处于打开状态时，仪器能自动将竖轴倾斜量分解成视准轴方向和横轴方向两个分量进行倾斜补偿，也即双轴补偿。

传感器按工作原理可划分为摆式传感器和液体传感器；早期的全站仪多是摆式传感器，现在的全站仪多是液体传感器。按补偿范围可划分为单轴补偿器、双轴补偿器和三轴补偿器。

单轴补偿的电子传感器只能测量出竖轴倾斜量在视准轴方向的分量，并对竖直方向观测值进行改正。此时的电子传感器相当于竖盘指标自动归零补偿器。

5.2　T－600 系列全站仪的基本操作

图 5-2 所示是中翰集团生产的 T－605 中文数字键全站仪，其主要技术参数如下：一测回方向观测中误差为 ±5″，竖盘指标自动归零补偿采用液体电子传感补偿器，补偿范围为 ±3′；在良好大气条件下的最大测量距离为 3 000 m（使用三块棱镜），距离测量误差为 3 mm＋2×10^{-6}ppm；带有内存的程序模块可以储存 8 000 个点的测量数据；仪器采用 7.2 V 镍氢可充电电池供电，一个充满电的电池可供连续测量 4～12 h。

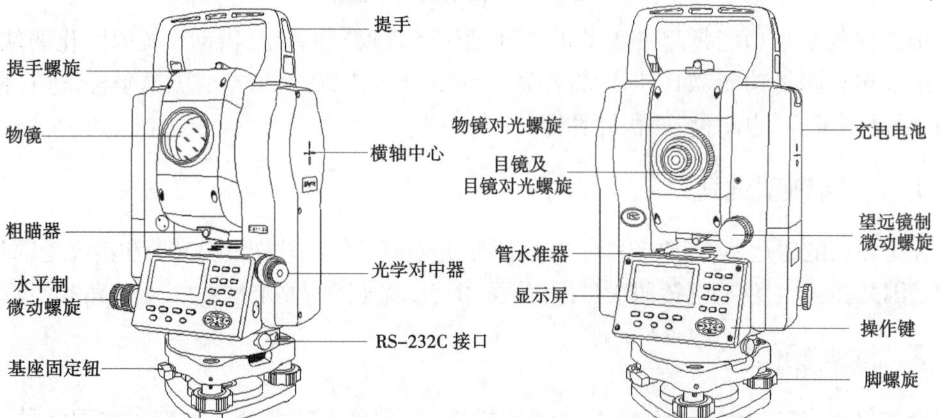

图 5-2　T－605 全站仪

T－605 全站仪的操作面板如图 5-3 所示，面板上有一个显示屏幕和 23 个键，各键的功能列于表 5-1 中，屏幕显示符号列在表 5-2 中。仪器有角度测量、斜距测量、平距测量、坐标测量和菜单共 5 种模式，各种模式下的功能选择都是通过按 (F1)、(F2)、(F3)、(F4) 四个软键来实现的，软键在某个模式下各菜单中的功能在屏幕底的对应位置以中文字符显示。

全站仪在进行测量距离等作业时，须在目标处放置反射棱镜。反射棱镜有单（三）棱

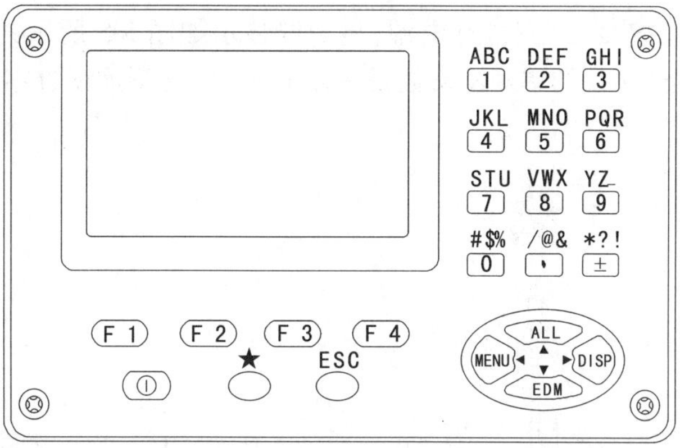

图 5-3　T－600 全站仪的操作面板

镜组，可通过基座连接器将棱镜组连接在基座上安置到三脚架上，也可直接安置在对中杆上。棱镜组由用户根据作业需要自行配置，如图 5-4 所示。

表 5-1　T－600 键盘功能

按键	第一功能	第二功能
F1 F2 F3 F4	对应第四行显示的功能	功能参见所显示的信息
0～9	输入相应的数字	输入字母以及特殊符号
ESC	退出各种菜单功能	
★	夜照明开/关	
ⓘ	开机/关机	
MENU	进入仪器主菜单	字符输入时光标向左移 内存管理中查看数据上一页
DISP	切换角度、斜距、平距 和坐标测量模式	字符输入时光标向右移 内存管理中查看数据下一页
ALL	一键启动测量并记录	向前翻页 内存管理中查看上一点数据
EDM	测距条件、模式设置菜单	向后翻页 内存管理中查看下一点数据

表 5-2　T－600 屏幕显示符号

显示符号	内容	显示符号	内容
VZ	天顶距	E	东向坐标
VH	高度角	Z	高程
V%	坡度	ST/BS/SS	测站/后视/碎部点标识
HR/HL	水平角(顺时针增/逆时针增)	Hi	仪器高
SD/HD/VD	斜距/平距/高差	Hr	棱镜高
PT#	点号	P1/P2/P3	第 1 页/第 2 页/第 3 页
N	北向坐标	PCODE	编码

仪器安置好后，按 ⓘ 键打开电源，显示屏显示如图 5-5 所示的全站仪初始页面。T－605中文数字键全站仪的单棱镜常数是－30 mm。转动望远镜过零，初始化成功，自动进入角度测量模式。

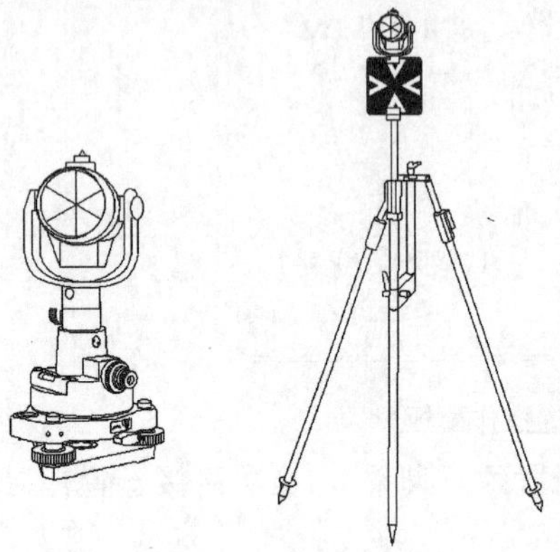

图 5-4　全站仪使用的棱镜

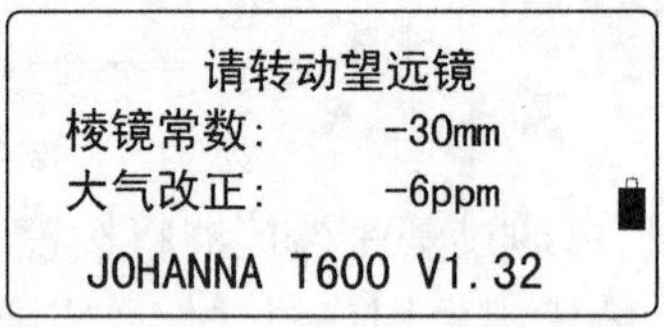

图 5-5　初始页面

5.2.1　角度测量模式

出厂设置是仪器开机初始化即自动进入角度测量模式，当仪器在其他模式状态时，按键 DISP 切换进入角度测量模式，测角方法基本同电子经纬仪（详见第 3 章）。

角度测量模式下共有三个页菜单，如图 5-6 所示。每页显示符号及功能见表 5-3。

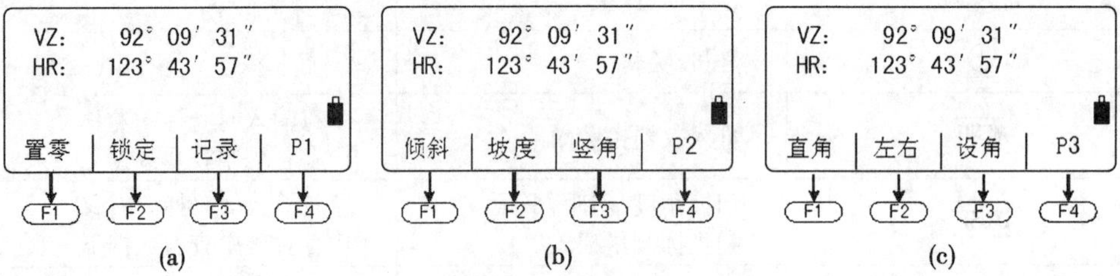

图 5-6　角度测量模式的三个页面

表 5-3　角度模式下每页显示符号及功能表

页数	软键	显示符号	功能
第 1 页	F 1	置零	水平角置为 0°00′00″
	F 2	锁定	水平角读数锁定
	F 3	记录	记录测量数据
	F 4	P1	下翻到第 2 页
第 2 页	F 1	倾斜	设置倾斜改正开或关，若选择开，则显示倾斜改正
	F 2	坡度	天顶距/坡度的变换
	F 3	竖角	天顶距/高度角的变换
	F 4	P2	下翻到第 3 页

续表 5-3

页数	软键	显示符号	功能
第 3 页	F 1	直角	仪器转动至水平角 0°、90°、180°、270°是否蜂鸣的设置
	F 2	左右	水平角顺时针增加/逆时针增加
	F 3	设角	预置一个水平角
	F 4	P3	下翻到第 1 页

5.2.2 斜距测量模式

在角度测量模式下，按DISP键切换到斜距测量模式页面。斜距测量模式下共有两个页面菜单，如图 5-7 所示。仪器照准棱镜时，按F 1键自动开始测距。当仪器正在测距时，在字符“SD”的右边将显示字符“ * ”；测量结果显示时伴随着蜂鸣声，测量结果根据测量模式设置的不同而改变，当模式设置为单次的时候，测量结果显示为当次测量结果；当模式设置为连续的时候，仪器最后显示为所有测量次数结果的平均值；当模式设置为跟踪的时候，仪器测量结果只精确到小数点后两位，再按DISP键，测距结果改为平距、高差显示。

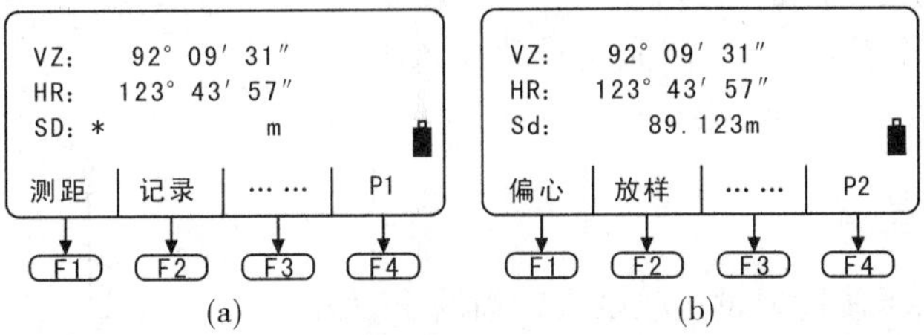

图 5-7 斜距测量模式的两个页面

若目标被物体挡住，仪器显示“E02”，表示回光信号太弱。每页显示符号及功能见表 5-4。

表 5-4 距离模式下每页显示符号及功能表

页数	软键	显示符号	功能
第 1 页	F 1	测距	启动距离测量
	F 2	记录	记录测量数据
	F 3	……	
	F 4	P1	下翻到第 2 页
第 2 页	F 1	偏心	偏心测量模式
	F 2	放样	距离放样模式
	F 3	……	
	F 4	P2	下翻到第 1 页

5.2.3 平距测量模式

在角度测量模式下，按两次 DISP 键切换到平距测量模式页面。平距测量模式下共有两个页面菜单，如图 5-8 所示。每页显示符号及功能见表 5-4。

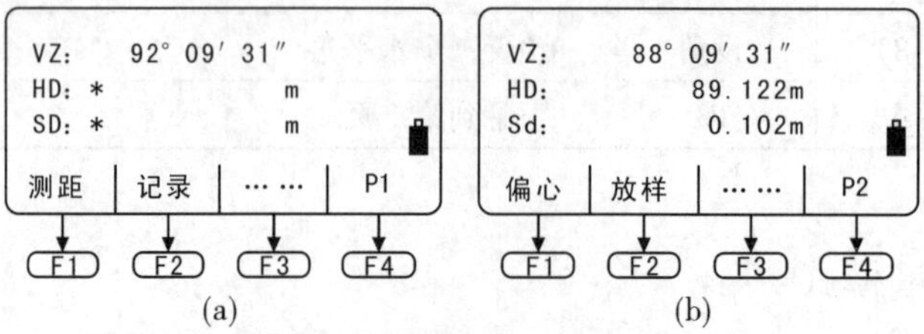

图 5-8　平距测量模式的两个页面

注：(1)精测模式：测距时间小于 4 s，显示精度为 1 mm；

(2)跟踪模式：测距时间约 0.5 s，显示精度为 10 mm；

(3)粗测模式：测距时间约 1 s，显示精度为 1 mm；

(4)棱镜常数：单棱镜常数是 −30 mm，三棱镜组棱镜常数是 0 mm；

(5)大气改正值：在测量工作开始前，尽可能准确地测量出温度和气压值，以保证测量结果最大程度的与实际值一致；

(6)回光信号查看：正常的回光信号值应该大于 10 以上，否则仪器不能得出测距结果。

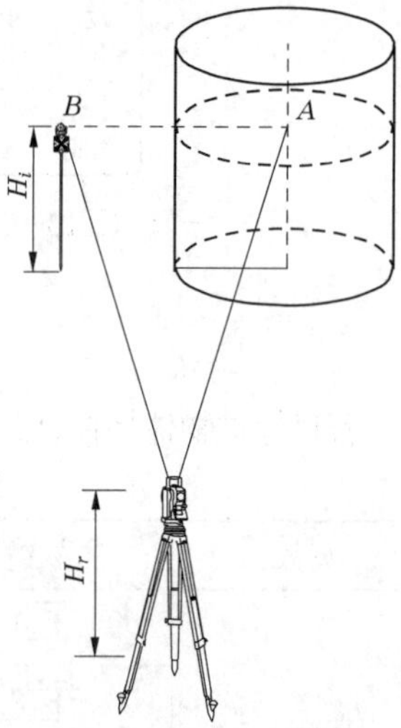

图 5-9　偏心测量模式

5.2.4 偏心测量

此测量程序用于棱镜架设比较困难的情况下，如图 5-9 所示立柱中心 *A*，此时可将棱镜架设在和仪器相近的 *B* 点上，通过偏心测量程序，以 *B* 点为参考点测量出 *A* 点的坐标。

在距离（斜距测量模式或平距测量模式）测量模式第 2 页如图 5-7（b）所示，按 F1（偏心）键，进入偏心测量页面，如图 5-10 所示。

瞄准 *B* 点棱镜，按 F1（测距）键，转动照准部对准立柱中心，按图 5-10(b)中的 F4（确认）键。显示 *A* 点的角度和距离。按 DISP 键，可依次显示 VD、SD 和 N、E、Z。按

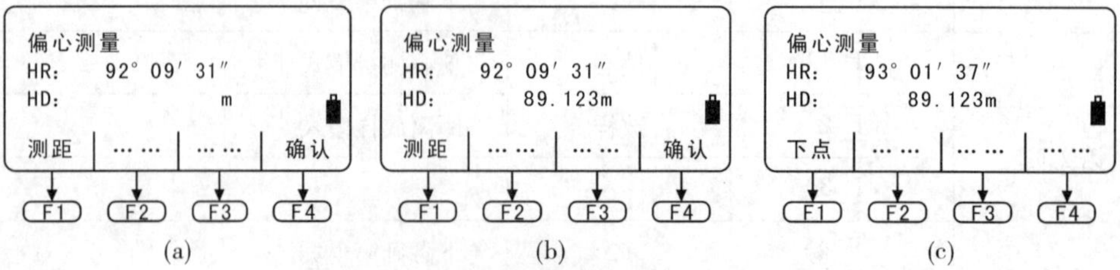

图 5-10　偏心测量模式下的三个页面

F1(下点)键，进行下点的偏心测量；按ESC键退出该模式。

5.2.5 坐标测量模式

通过输入同一坐标系中测站点和定向点的坐标，可以测量出未知点在该坐标系中的坐标。

确认仪器显示在角度测量模式下，按DISP键三次，仪器进入坐标测量模式，该模式有三个页面，如图 5-11 所示。每页显示符号及功能见表 5-5。

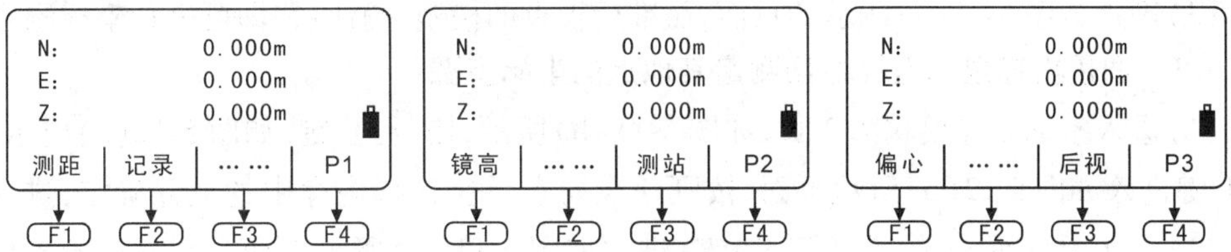

(a) (b) (c)

图 5-11 坐标测量模式的三个页面

表 5-5 坐标模式下每页显示符号及功能表

页数	软键	显示符号	功能
第 1 页	F 1	测距	启动测量并计算坐标
	F 2	记录	记录当前显示的坐标数据
	F 3	……	
	F 4	P1	下翻到第 2 页
第 2 页	F 1	镜高	输入棱镜高度
	F 2	……	
	F 3	测站	输入测站点坐标
	F 4	P2	下翻到第 3 页
第 3 页	F 1	偏心	偏心测量模式
	F 2	……	
	F 3	后视	输入后视点坐标
	F 4	P3	下翻到第 1 页

5.2.5.1 已知方位角和测站坐标测量其他点的坐标步骤

输入仪器高和棱镜高后测量坐标时，可直接测定未知点的坐标。

(1)在角度测量模式(见图 5-6(c))下，按F 3键设置水平角等于方位角，锁定后瞄准后视点，解锁。

(2)按DISP键三次，仪器进入坐标测量模式，进入坐标测量模式第 2 页，如图 5-11(b)所示，按F 3键，设置测站坐标和仪器高，按F 1键输入镜高。

(3)进入如图 5-11(a)所示的页面,照准待测点的棱镜,按 F1 键测距,即可进行坐标测量。

5.2.5.2 已知测站坐标和后视点坐标测量其他点的坐标步骤

在坐标测量模式下,输入测站坐标和后视点坐标,可测定未知点的坐标。

(1)进入坐标测量模式第 2 页,如图 5-11(b)所示,按 F3 键,输入测站坐标和仪器高,按 F1 键输入镜高。

(2)进入坐标测量模式第 3 页,如图 5-11(c)所示, 按 F3 键,输入后视点坐标。

(3)进入如图 5-11(a)所示的页面,照准后视点的棱镜,确认后,即可进行坐标测量。

5.2.5.3 调用内存里的坐标数据测量其他点的坐标步骤

(1)进入坐标测量模式第 2 页,如图 5-11(b)所示,按 F3 键,如图 5-12(a)所示,按 F1 键进入如图 5-12(b)所示页面,按 F2 (列表)键,选择内存中的点并确定,进入如图 5-12(c)所示页面,按 F3 (记录)键,进入如图 5-12(d)所示页面。测站点的坐标显示在屏幕上。

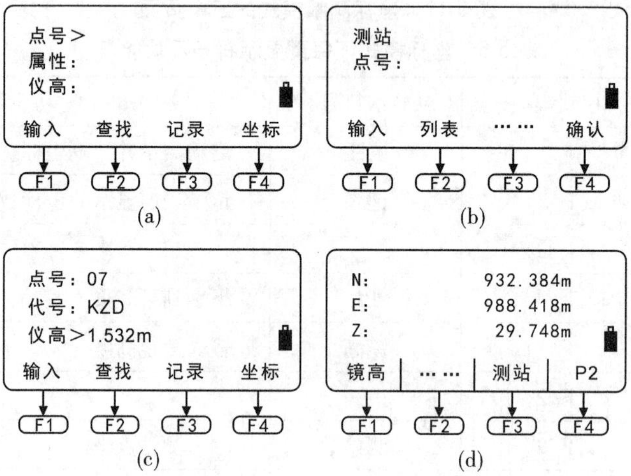

图 5-12 调用内存里的坐标数据设置测站点

(2)进入如图 5-11(c)所示的页面,按 F3 (后视)键,进入如图 5-13(a)所示的页面,按 F2 (后视)键进入如图 5-13(b)所示页面,按 F2 (列表)键,选择内存中的点并确定,进入如图 5-13(c)所示页面。

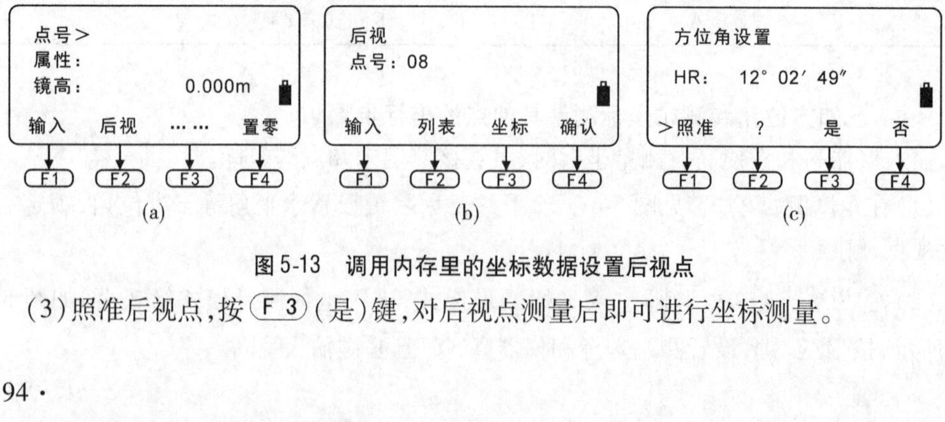

图 5-13 调用内存里的坐标数据设置后视点

(3)照准后视点,按 F3 (是)键,对后视点测量后即可进行坐标测量。

5.3 主菜单(MENU)模式

在该模式下有两个页面,如图 5-14 所示。由于篇幅有限,我们只对常用操作作简要介绍。

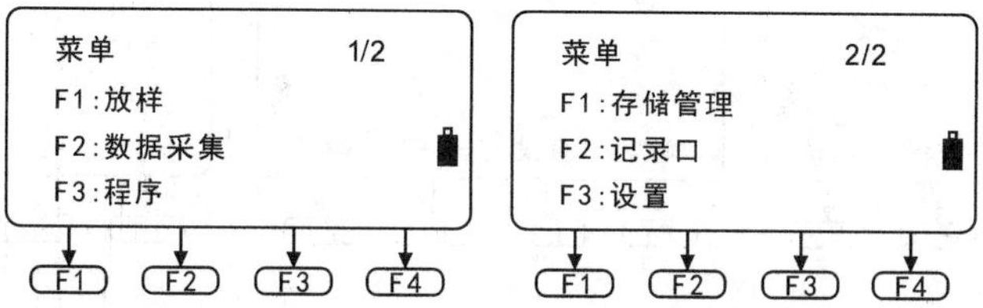

(a) (b)

图 5-14 主菜单模式的两个页面

5.3.1 放样

先将已知点坐标和放样点坐标输入仪器内存,供放样时调用,如图 5-15 所示。放样模式有如图 5-16 所示的两个页面。放样数据如图 5-17 所示。

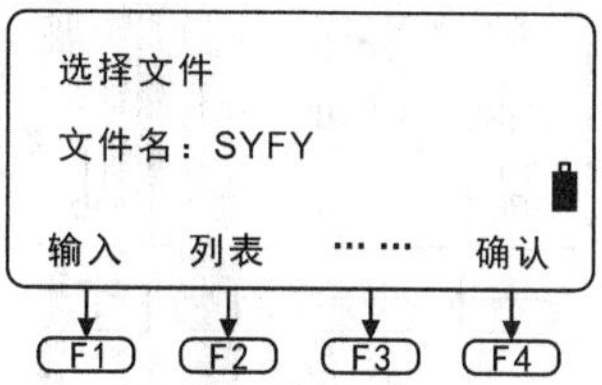

图 5-15 存储放样数据

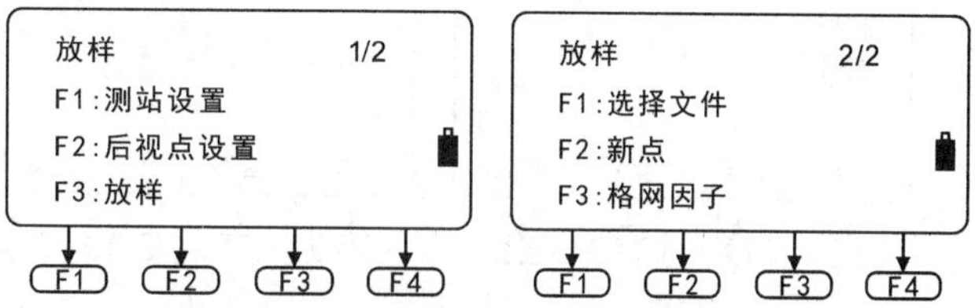

(a) (b)

图 5-16 放样模式下的两个页面

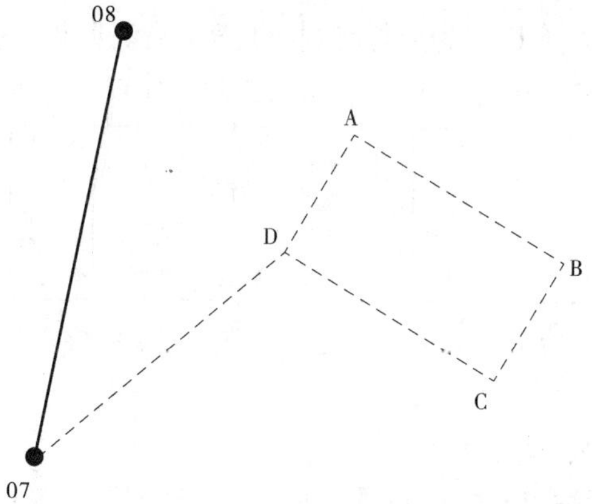

点名	X坐标(m)	Y坐标(m)	H坐标(m)
07	932.368	988.416	29.747
08	993.807	1 001.528	30.011
A	979.422	1 036.415	30.500
B	960.469	1 067.608	30.500
C	943.549	1 057.327	30.500
D	962.014	1 026.524	30.500

图 5-17 建筑物轴线点的放样

在角度测量模式下,按(MENU)键,进入如图 5-14(a)所示的页面,按(F1)键,进入图 5-15,选择放样数据存储的文件,按(F4)(确认)键,进入图 5-16(a)所示的放样模式下的第 1 个页面。

在图5-16(a)页面下,按F1键,选择测站设置,如图5-18(a)所示的页面。按F2(列表)键,进入如图5-18(b)所示的页面,按▲或▼选择07点为测站点,按F4(确认)键。进入如图5-18(c)所示的页面,输入仪器高,按F4(确认)键,回到如图5-16(a)所示的放样模式下的第1个页面。

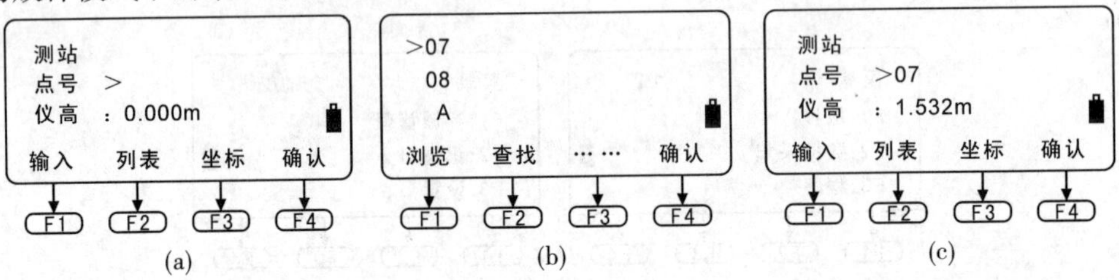

图5-18 测站设置

在图5-16(a)页面下,按F2键选择后视点设置,显示如图5-19(a)所示。按F2(列表)键,进入如图5-19(b)所示的页面,按▲或▼选择08点为后视点,按F4(确认)键。进入如图5-19(c)所示的页面,照准后视点(08点)后,按F3(是),回到图5-16(a)所示的放样模式下的第1个页面。

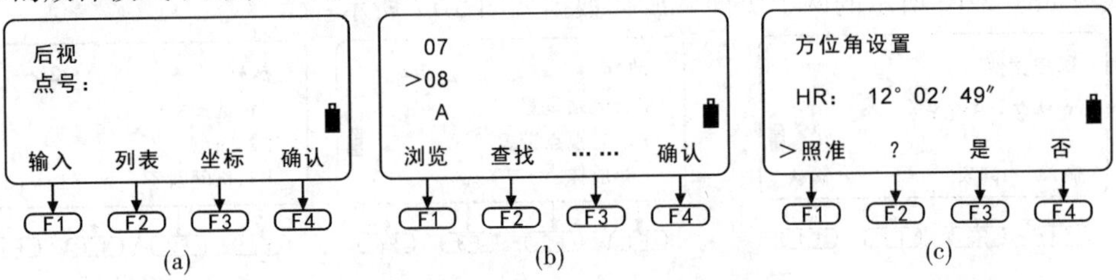

图5-19 后视点设置

在图5-16(a)页面下,按F3键选择放样,显示如图5-20(a)所示。按F2(列表)键,进入如图5-20(b)所示的页面,按▲或▼选择D点为放样点,按F4(确认)键。进入如图5-20(c)所示的页面,输入棱镜高,按F4(确认)键,显示如图5-21(a)所示的页面。

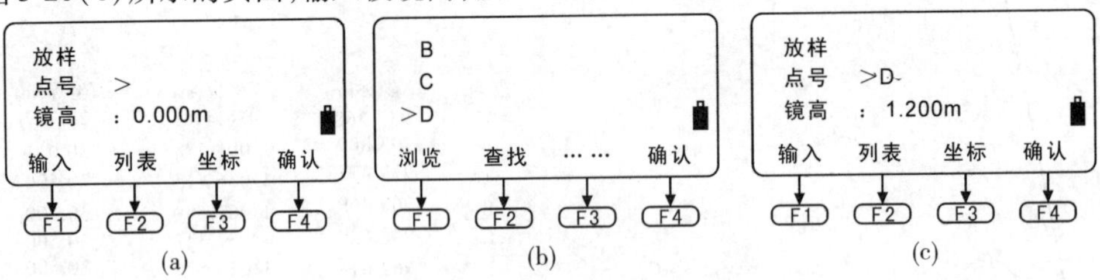

图5-20 放样点设置

图5-21(a)显示计算值。HR、HD表示测站点与放样点的方位角是52°07′08″,距离是48.281 m。按F1(极差)键,显示当前视准轴方向与放样点方向的差值。转动照准部使dHR=0,让棱镜移动到视线方向,按F1(测距)键,对棱镜测距,见图5-21(b)。dHD、dZ表示当前水平距离和当前点与放样点的高差。观测员据此指挥司镜员在望远镜视线方向向远处或向近处移动棱镜,直至dHD=0为止。

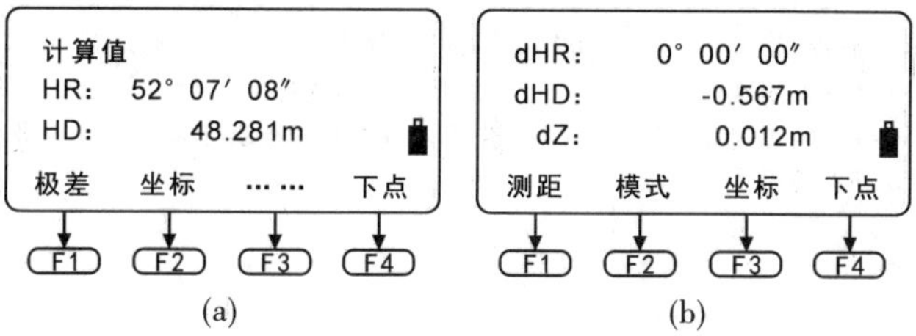

图 5-21 计算值和极差

5.3.2 数据采集

T－605 全站仪可将测量数据存储在内存中，内存划分为测量数据文件和坐标测量数据文件，最多可以采集 4 000 个点的测量数据，被采集的数据存储在测量数据文件中。

其主要用于碎部测量，内容与前面介绍的内容相似，在这里我们只作简要介绍。

数据采集的操作步骤如下：

(1)选择数据采集文件，使其所采集数据存储在该文件中；

(2)选择坐标数据文件，可进行测站坐标数据及后视坐标数据调用；

(3)设置测站点；

(4)设置后视点；

(5)在待测点安置棱镜，开始采集并存储数据。

注意：关闭电源确认仪器处于基本测量模式，这样才能确保存储器保存数据，以及日后输入、输出过程的完整。

5.3.3 程序

在主菜单如图 5-14(a)所示的页面下，按(F 3)键，选择程序，进入如图 5-22(a)所示的页面。程序菜单共有两个页面，如图 5-22 所示。

5.3.3.1 遥测悬高

该程序用于测定待测目标相对于棱镜的铅垂距离及其距离地面的高度，使用棱镜高时，遥测悬高以棱镜作为基准点，不使用棱镜高时，则以测点的地面点作为基准点。

图 5-23 是遥测悬高的示意图。具体操作步骤如下：在图 5-22(a)中，按(F 1)(遥测悬高)进入如图 5-24(a)所示的“遥测悬高”菜单，此菜单内有两个选项，我们以“输入镜高”为例。按(F 1)键选择“输入镜高”选项，进入如图 5-24(b)“悬高测量(1)”菜单，输入棱镜高(如 1.200 m)，照准棱镜，按(F 1)(测距)键，测出仪器至棱镜之间的水平距离，如图 5-24(c)所示，测距完毕后即确定了棱镜的位置，转动望远镜再照准目标，就得出了目标的位置。

5.3.3.2 对边测量

该程序用于测定两个棱镜之间的水平距离、斜距和高差，如图 5-25 所示。

对边测量模式具有以下两个功能：

(1)放射对边：测量 *A*—*B*，*A*—*C*，*A*—*D*，…

(2)相邻对边：测量 *A*—*B*，*B*—*C*，*C*—*D*，…

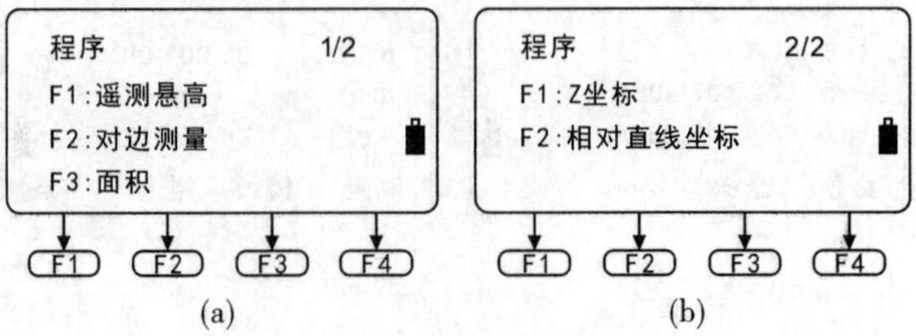

图 5-22 程序菜单的两个页面

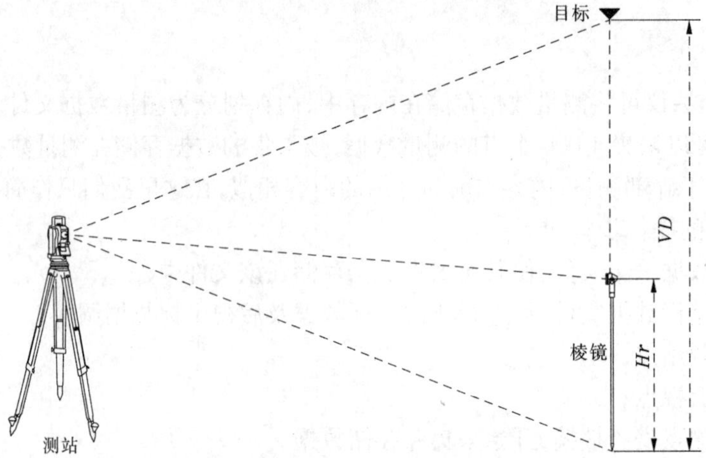

图 5-23 遥测悬高的示意图

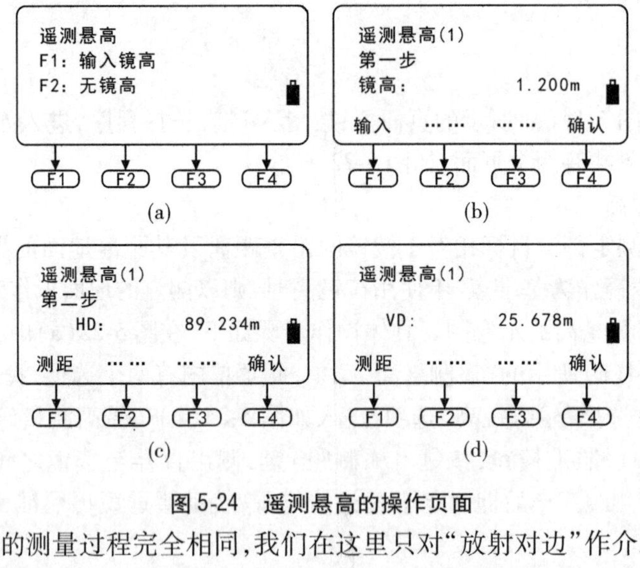

图 5-24 遥测悬高的操作页面

这两种模式的测量过程完全相同,我们在这里只对“放射对边”作介绍。

具体操作步骤如下:在图 5-22(a)中,按(F2)(对边测量)键进入如图 5-26(a)所示的“对边测量”菜单,此菜单内有两个选项。按(F1)键选择“放射对边”选项,进入如图 5-26(b)“放射对边”菜单,输入 *A* 点棱镜高,照准 *A* 点棱镜,按(F1)(测距)键,测出仪器至 *A* 点棱镜之间的水平距离,如图 5-26(c)所示,测距完毕后即确定了棱镜的位置,转动照准部再照准 *B* 点目标的棱镜,就得出了目标的位置。按(F1)(测距)键,测出仪器至 *B* 点棱

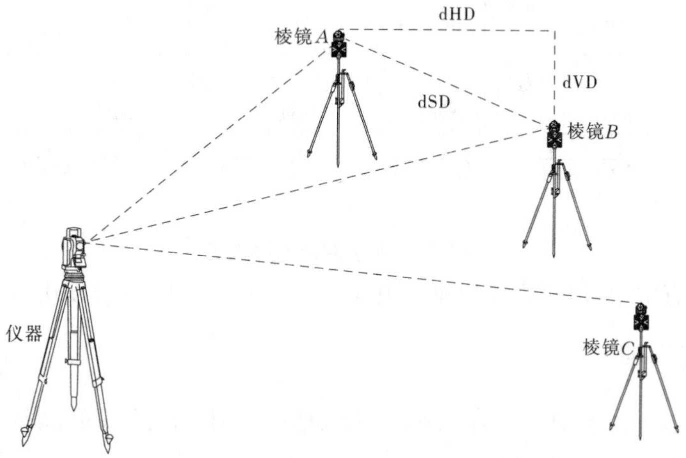

图 5-25　对边测量示意图

镜之间的水平距离。按F4(确认)键,屏幕显示如图 5-26(d),dHD 是 *AB* 间的水平距离,dVD 是 *AB* 间的高差。在如图 5-26(d)所示的页面中,按F1(下点)键,继续下面点的测量。

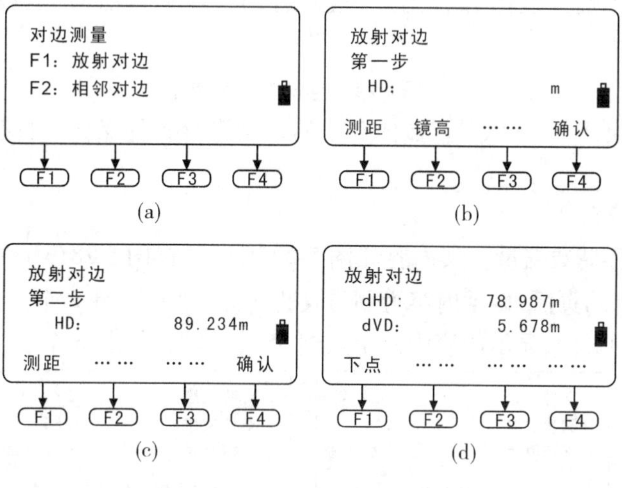

图 5-26　对边测量的操作页面

5.3.3.3　面积

该程序可以测量闭合图形的面积。但如果图形边界相互交叉,则面积不能正确计算。所以,在测量过程中,必须要按照顺序来测量所用的边角点。

具体操作步骤如下:在图 5-22(a)中,按F3(面积)进入如图 5-27(a)所示的"面积"菜单。照准待测点上的棱镜,按F1(测距)键,测距结束后,进入如图 5-26(b)显示测点坐标,马上显示屏又显示出图 5-22(a)相同的页面。依次照准其他待测点,当测点到3 个点时,显示面积大小,如图 5-27(c)所示。

注:图 5-27(c)中 0009 表示已测量 9 个待测点,89.234m.sq 表示 89.234 m^2。按ESC键,结束面积测量,返回程序菜单。

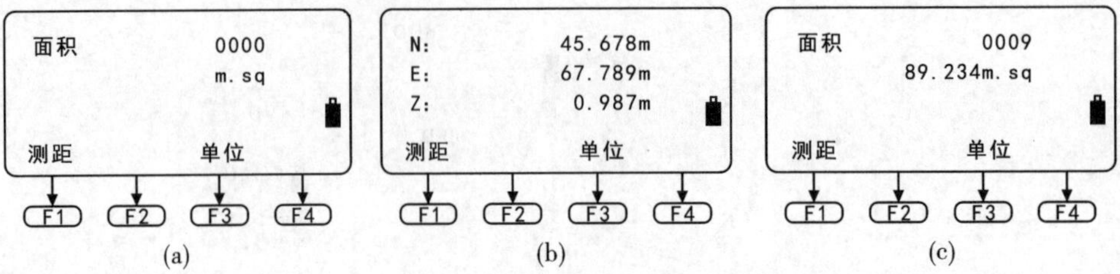

(a) (b) (c)

图 5-27 面积测量的操作页面

由于篇幅有限,其他两程序功能选项我们就不作介绍了,读者使用可参阅有关书籍。

5.3.4 存储管理

在图 5-14(b)中,按(F 1)(存储管理)键,进入“存储管理”菜单,该菜单有三个页面,如图 5-28 所示。

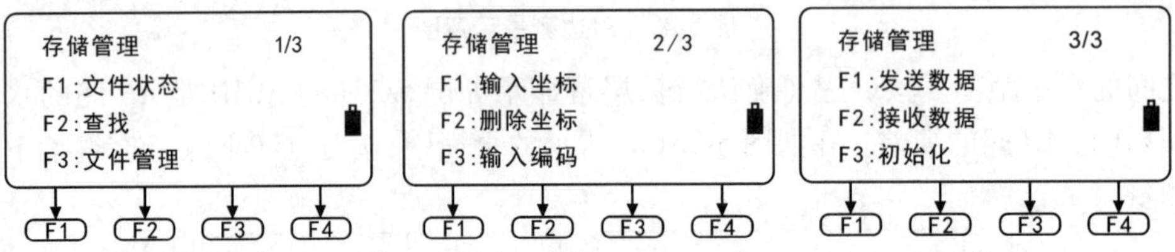

(a) (b) (c)

图 5-28 存储管理菜单

在存储管理模式下,可以对仪器内存中的数据进行各种操作,对应各个项目,说明如下。

5.3.4.1 文件状态

检查文件及存储数据量。其内容如图 5-29 所示。在图 5-28(a)中,按(F 1)键,显示如图 5-29(a)所示的页面,显示内容为测量文件 1 个,坐标文件 2 个。按(F 4)键,进入如图 5-29(b)所示的页面,显示内容为测量数据 35 个,坐标数据 16 个。

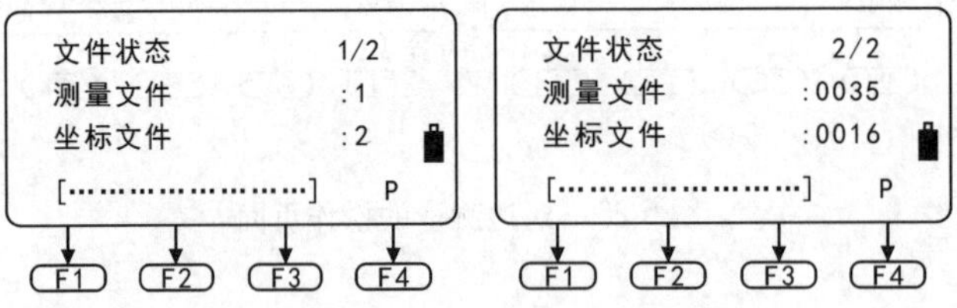

(a) (b)

图 5-29 文件状态的两个页面

5.3.4.2 查找

查找并浏览点号及数据。在图 5-28(a)中,按(F 2)键,显示如图 5-30(a)所示的页面,按(F 2)键,选择“坐标数据”,选择要查找的文件名确认后,显示如图 5-30(b)所示的页面。按(F 2)键,显示该文件夹中最后一点的点号和其属性,如图 5-30(c)所示。按(DISP)键显示该点的坐标值,如图 5-30(d)所示。

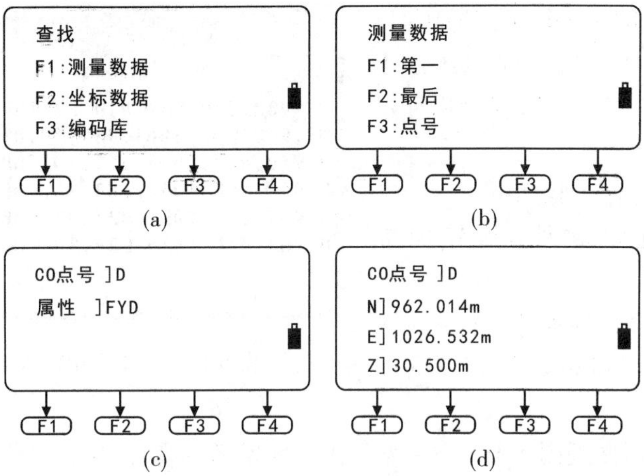

图 5-30　查找菜单

5.3.4.3　文件管理

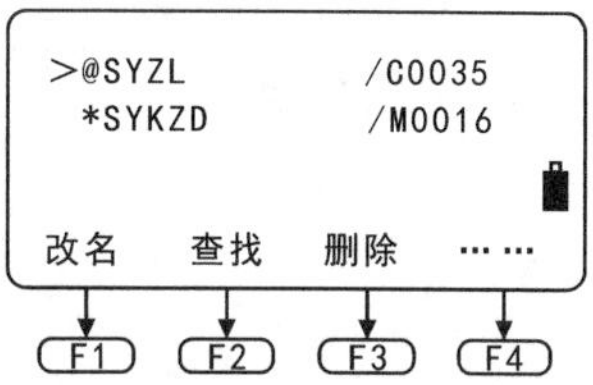

图 5-31　文件管理菜单

编辑文件名或删除文件,如图 5-31 所示。在此模式下可以更改文件名、查找数据和删除文件等操作。显示 * 和 @ 是文件识别符号,对于测量数据文件“ * ”为数据采集模式下被选定的文件;对于坐标数据文件“ * ”为放样模式下被选定的文件;“@ ”为数据采集模式下被选定的坐标文件;“M”为测量数据;“C”为坐标数据。

内存中最多可以创建 8 个文件夹和 1 个编码库,其中编码库最大可以存入 50 种编码,其编号可以是 0 ~ 49 之间的任一数值。

5.3.4.4　输入坐标

将坐标数据输入并存入坐标数据。其操作步骤是:创建文件,输入点号、输入坐标。

5.3.4.5　删除坐标

删除坐标数据文件中的坐标数据。

5.3.4.6　输入编码

将编码数据输入并存入编码库文件。编码是为了数字成图软件从全站仪中读入野外采集的碎部点坐标并自动描绘地物时使用的。仪器可以存储编号 0 ~ 49 的 50 个编码,通过选择“编辑”选项,可以为这 50 个编码赋值。如可以为 000 编码赋值“SYKZD”表示水院的控制点,为 001 编码赋值“FW”表示房屋,为 003 编码赋值“WQ”表示围墙等。编码赋值最多 10 位,可以由字母、数字或其混合组成,编码的赋值可以由用户定义。

5.3.4.7　接收数据

从 PC 机下载坐标数据和编码库数据,例如接收坐标数据(接收其他数据的步骤相同),先将坐标数据输入到文本文档中。如图 5-32 所示,每行输入一个控制点的数据,数据输入格式为“点名,x, y, H,编码”。如果没有编码,可以不输;如果没有高程,则应输入 0,逗号和小数点应为西文字符,不要误输入中文字符。如图 5-32 中输入了 07,08,A,B,C,D 六个点的坐标数据。

在数据传输时,使用中翰通讯电缆 CE－203,将其一端插入仪器的数据通讯口上,另一端插在计算机的 COM1 或 COM2 口上。确保仪器与计算机之间的连接正确,各种通讯参数设置一致,仪器内存足够。

数据传输的操作步骤如下:

(1)启动通讯软件,其界面如图 5-33 所示。

(2)在通讯软件界面中,按下拉菜单“串口”进行“串口设置”,如图 5-34 所示。

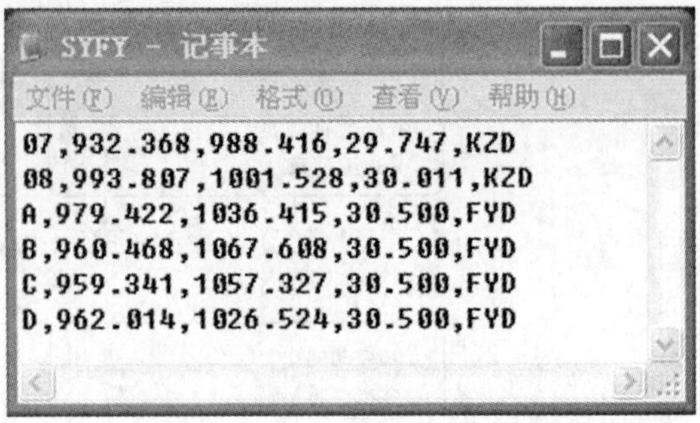

图 5-32　在文本中输入坐标的格式

(3)按“OK”后回到图 5-33。按“⬆”,提示要发送的文件,选择文件后,计算机自动向仪器发送数据。发送完成后,软件提示完成数据发送。

图 5-33　通讯软件启动界面

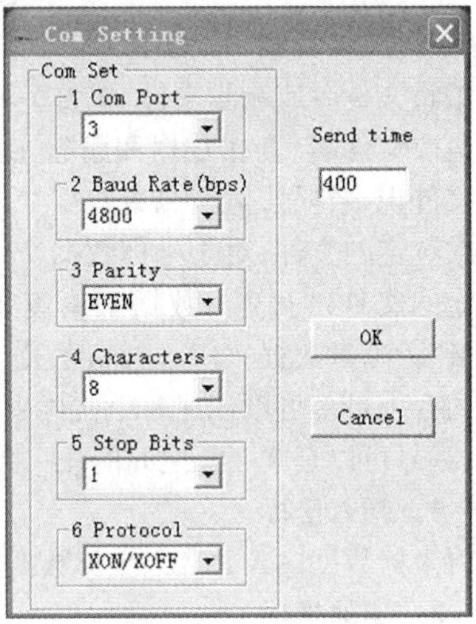

图 5-34　串口设置页面

5.3.4.8　发送数据

发送测量数据、坐标数据和编码库数据到计算机。发送数据与接收数据类似,在这里就不介绍了。

5.3.4.9　初始化

其功能是初始化内存(清空)。选择“文件区”选项,则删除全部测量文件和坐标文件;选择“编码库”选项,则删除编码库数据;选择“所有数据”选项,则删除全部文件和编码库。要注意的是当前测站点的坐标仪器高、棱镜高的数据没被删除。

5.3.5　记录口

当有外接手簿或计算机的时候,可以通过选择将即时数据存储到内存或直接通过 RS-232 通讯接口将数据传送出去。选择“RAM”是将数据存入仪器存储器,选择“232”是将数据通过 RS-232C 通讯口,发送到计算机。

5.3.6 设置

设置是对仪器参数进行设置。在图 5-14(b)中,按(F 3)(设置)键,进入“设置”菜单,该菜单有四个页面,如图 5-35 所示。其内容的意义如表 5-6 所示。

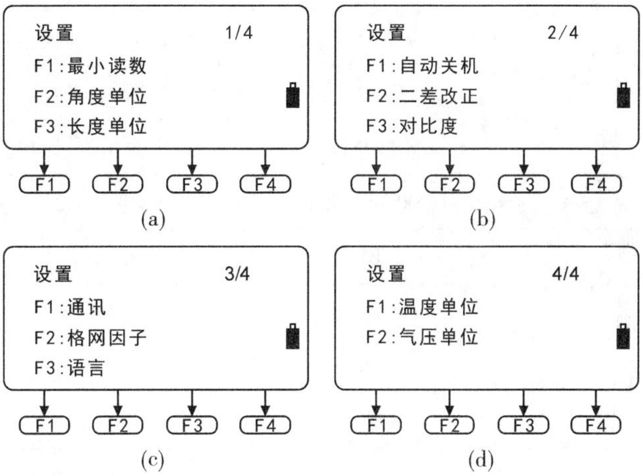

(a) (b) (c) (d)

图 5-35 设置菜单的四个页面

表 5-6 设置基本参数

菜单显示	可选项目	内容
最小读数	1″	* 仪器角度最小读数为 1″
	5″	仪器角度最小读数为 5″
角度单位	DMS	* 角度单位为度、分、秒(360°)
	GON	角度单位为哥恩(400G)
	MIL	角度单位为密位(6 400M)
长度单位	m	* 长度单位为米
	ft	长度单位为英尺
自动关机	ON	30 min 自动关机功能开启
	OFF	* 30 min 自动关机功能关闭
二差改正	OFF	大气折光和地球曲率改正关闭
	.14	* 改正系数 K 为 0.14
	.20	改正系数 K 为 0.20
对比度	00 ~ 99	显示屏对比度调节值

续表 5-6

菜单显示		可选项目	内容
串口通讯参数设置	协议	TYPEONE	＊单向通讯方式
		TYPETWO	双向通讯方式
	字长/校验	7 EVEN	7 个数据位、偶校验
		7 ODD	7 个数据位、奇校验
		8 NONE	＊8 个数据位、无校验
	波特率	1 200 ~ 38.4 K	选择波特率 1 200
	停止位	1 BIT	＊一位停止位
		2 BIT	二位停止位
格网因子		ON	＊使用格网因子
		OFF	不使用格网因子
语言		ENG	显示文字为英文
		CHN	＊显示文字为中文
温度单位		C	＊温度单位为摄氏度
		F	温度单位为华氏度
气压单位		hPa	＊气压单位为千帕
		mmHg	气压单位为毫米汞柱
		inHg	气压单位为英寸汞柱

5.4 高端全站仪简介

高端全站仪，除具有普通全站仪的功能外，还具有一些更先进、更实用的功能。

5.4.1 拓普康 GPT－8200A 自动追踪脉冲式全站仪

GTS－8200A 全站仪是一款无棱镜测程测量机器人型的全站仪，革命性地打破了无棱镜测距的常规理念。它具有自动追踪、自动照准功能；无棱镜实现 1 200 m 测距。可以绰绰有余地使测距达到 1 km 以上，在灾区、危险地带，以及机场等禁止通行的地方，也能让测量变得轻而易举。自动跟踪功能高达 12°/s 的自动跟踪速度使其对于高速移动物体能够自动跟踪。通过自动跟踪自动照准，让测量功能发挥得淋漓尽致。其技术参数如表 5-7 所示。

表 5-7　拓普康 GPT－8200A 自动追踪脉冲式全站仪技术参数

仪器类型		GPT－8201A	GPT－8202A
测距精度	有棱镜	±(2 mm+2 ppm×D)	
	无棱镜	±(3 mm+2 ppm×D)	
测角精度		1″	2″
测距范围		1.5～1 200 m/免棱镜	7 000 m/单棱镜
自动跟踪范围		全方位旋转	
操作系统		WinCE. NET	

图 5-36 为日本拓普康公司的 GPT－8200A 自动追踪脉冲式全站仪,它具有如下的特点:

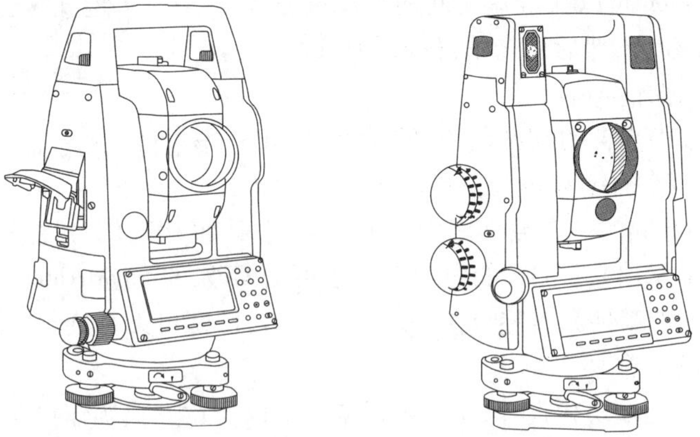

图 5-36　拓普康 GPT－8200A 自动追踪脉冲式全站仪

(1)世界首创 WinCE. NET 操作系统的全站仪。友好界面让测量更加轻松和简单标准,WinCE 系统平台让二次开发变得实际可行。

(2)首台运用彩屏技术的全站仪。64 K 色告别以往单一的黑与白。

(3)触摸屏设计更有效提高工作效率。让操作更直接,即使初学者也能胜任工作。

(4)全中文操作系统让我们的操作更得心应手。

(5)内置的 TopSURV 强大的应用软件。涵盖了诸如道路定线设计、道路放样、横断面设计、边坡放样程序等方便、实用的软件, GPS 的数据不经任何转换直接使用,让您充分体会高科技带来的轻松。

(6)配置了目前世面上最通用的 USB 接口,实际地解决较多笔记本电脑没有串口问题的同时也让您体会 USB 接口的高速传输,同时也具备了 RS－232 接口。

(7)可使用 CF 卡扩充或转存数据,比以往的 PCMCIA 卡更易购买、价格更低廉、容量更大(目前 CF 卡容量最大为 2 G)。

5.4.2　徕卡 SmartStation

图 5-37 为徕卡 SmartStation 测量系统。它具有如下特性:

(1)TPS 与 GPS 完美结合。

集成 GPS 接收机的高性能全站仪。无须控制点、长导线和后方交会操作，只需安装 SmartStation，并使用 GPS 确定该点的准确位置，然后就可以使用全站仪进行测量、放样。仅仅通过简单的安装调试，就可以简单、快速地测量作业。

(2)轻松点击获取 SmartStation 站点坐标。

使用 SmartStation 无须考虑控制点和导线点、导线和后方交会。只需要在合适的地点架设 SmartStation，按下 GPS 键并保持平稳，在基线 50 km 的范围内只需很短时间即可得到厘米级精度的 RTK 位置信息。使用 SmartStation 可以在最短时间内完成准备工作，通过 GPS 锁定位置，然后用全站仪进行测量作业。

(3)GPS 完全嵌入全站仪。

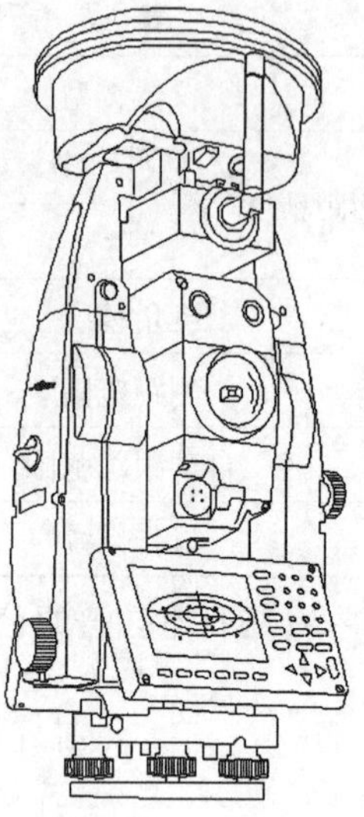

图 5-37 徕卡 SmartStation 测量系统

借助于全站仪中完善的软件，所有的 TPS 和 GPS 操作都可以通过 TPS 的键盘进行。所有的数据存入在同一块 CF 卡中相同的一个数据库中。测量数据、系统状态信息以及其他任何信息都可在 TPS 屏幕上显示出来。TPS 的内置电池也可为 GPS 的 SmartAntenna 天线和 RKT 通讯设备供电。所有的组件完美整合在一起，每一个组件都可无缝连接，无须电缆、外部电源以及数据输出设备等。

SmartStation 采用模块化设计，用户可根据需要以任意方式操作设备。在没有控制点的时候使用 SmartStation，一旦获得了准确的坐标位置，将 SmartAntenna 天线安装在对中杆上，配合 RX1210 控制器和 GTX1230 传感器，组合成一个完整的 RTK 流动站。

5.4.3 索佳超站仪 SET3110MV

图 5-38 为索佳于 2004 年推出的世界上首款超站仪产品 SET3110MV，仪器在全站仪测角部、测距部的基础上增加了摄像部。超大内存可存储约 20 000 点的数据，测角精度为 ±3″，测距精度为 2 mm ±2 ppm，测程为 1.6 km(单棱镜)和 80 m(反射片)。摄像部有两个 38 万像素广角/窄角 CCD，广角/窄角可自动切换和自动对焦，其中广角 CCD 用于搜索棱镜，其分辨率小于 2′；窄角 CCD 用于聚集望远镜视准轴于棱镜中心，其分辨率小于 5″。在黄昏等光线昏暗的情况下，可以打开仪器的发光二极管，其发射的白色亮光可以照亮现场的反射目标，使其影像清晰地在屏幕上显示位置。所有观测影像、数据可以通过电缆、无线通讯(如无线传呼机、手机等)或经由英特网同步传输到任何地点的具备条件的计算机或手持电脑。

仪器无水平:垂直微动螺旋和目镜。不能手动操作望远镜观测目标，只能通过摄像部对目标拍摄的图像进行自动照准。仪器能自动照准棱镜并对焦，也可以切换到手动对焦状态，使用手动对焦螺旋调焦。测量人员无须通过望远镜观测，只需预先在测量现场放置反射目标，然后在任何地方根据电脑显示的现场摄像图像，随时确认照准情况和测量状态，或直接用鼠标在屏幕上指挥仪器完成所有工作。

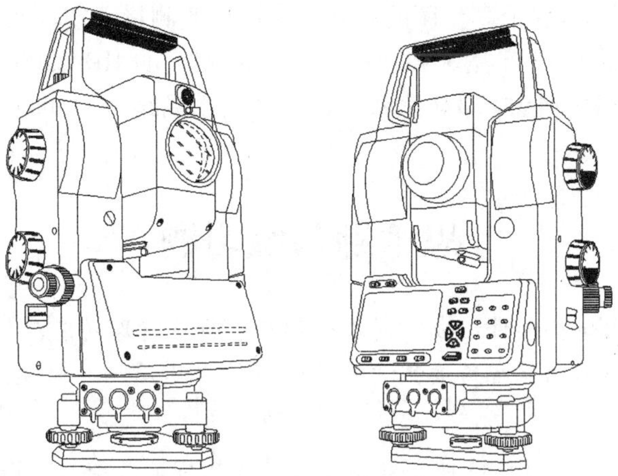

图 5-38 索佳超站仪 SET3110MV

使用随机电缆将仪器的 RS－232C 接口和摄像信号接口分别与计算机通讯口连接，现场目标的影像将实时显示在计算机屏幕上，用鼠标操作软件即可对现场目标进行观测。仪器可与索佳变形监测应用程序控制系统“MOS”组成超站仪定点观测系统，自动根据设计程序，测量顺序，在指定的时间段里，不间断地对一系列指定目标自动锁定观测。所有测量数据，分析图表和摄影图像都可以实时同步的传输到任何有条件的终端上。由此可轻松建立先进可靠的远程灾害预警/监测系统。超站仪定点观测系统尤其适用于地震、火山、滑坡、大坝、隧道、大型工程现场进行各类高精度自动监测的需要。测量现场图像，测量数据可以同时处理有助于 GIS 信息管理系统的构筑。

5.4.4 徕卡 HDS 高清晰激光扫描系统

HDS 高清晰测量系统是三维激光扫描系统，如图 5-39 所示。它是将三维激光扫描技术应用于工程建设、工程测绘、工程设计等项目的领导者。其先进的高清晰测量扫描仪与

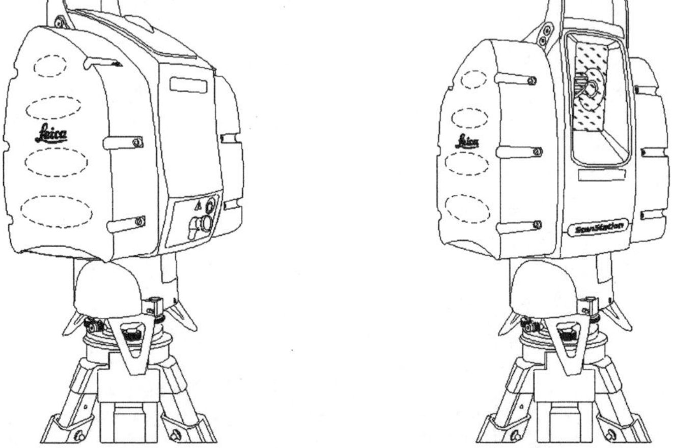

图 5-39 徕卡 HDS 高激光扫描系统

软件系统的完美结合，是保证高精度的基石。易用性使测量工作轻而易举。

徕卡测量系统的 HDS 产品家族包括基于时间测量的 HDS2500 和 HDS3000 测量系统，基于相位测量的 HDS4500 超高速系统。这样的产品结合 Cyclone 软件为用户提供完整的工程解决方案。

思考题与练习题

1. 全站仪主要由哪些部件组成？高端全站仪有哪些特殊功能？

2. 电子经纬仪与全站仪在角度测量操作时有什么不同吗？简述用 T－605 全站仪测角度的方法。

3. 对 T－605 按 DISP 键，选择距离测量模式第 2 页菜单中的“放样”功能，与 MENU 按键，在第 1 页菜单界面中选择的“放样”功能有何区别？

4. 数据传输时在文本文档中是如何输入数据的？应注意什么？

5. 简述遥测悬高的测量步骤。

6. 简述对边测量的测量步骤。

7. 简述测定坐标的测量步骤。（已知测站的坐标和方位角）

8. 简述测定坐标的测量步骤。（已知两点的坐标）

9. 简述放样的测量步骤。

第6章　大比例尺数字化测图及其在工程中的应用

本章提要

介绍了数字化测图的组成、特点、控制的方法，重点介绍了草图法野外数据采集和CASS6.1成图软件的应用、数字地形图的应用基础、数字地形图与GIS的数据交换，简要介绍了信息测绘化体系。

数字化测图是随着计算机、电子测量设备、数字化成图软件的应用而迅速发展起来的全新的技术与方法。广泛应用于工程测绘与设计、水利水电勘测设计、土地管理、城市勘测规划、环境保护和军事工程等部门。数字化测图作为一种全解析机助测图技术，与传统的白纸测图相比，具有显著优势和发展前景，是测绘发展的技术前沿。作为反映测绘技术现代化水平的标志之一，数字测图技术将逐步取代白纸测图，成为地形测图的主流。数字测图技术的应用发展，极大地促进了测绘行业的自动化和现代化进程，使测量成果在利用、存储、管理、更新、显示以及传输方面有了革命性的改变。它将为信息时代的地理信息应用提供了最可靠的保障。

6.1　数字化测图的组成

数字化测图是以计算机为核心，外加输入、输出设备，通过数据接口将采集的地物、地貌信息传输给计算机进行处理，转化为数字形式，得到内容丰富的电子地图。在实际工作中，大比例尺数字化测图主要指野外实地测量即地面数字测图，也称野外数字化测图。数字化测图系统主要由数据输入、数据处理和成果与图形输出三部分组成，其流程如图6-1所示。

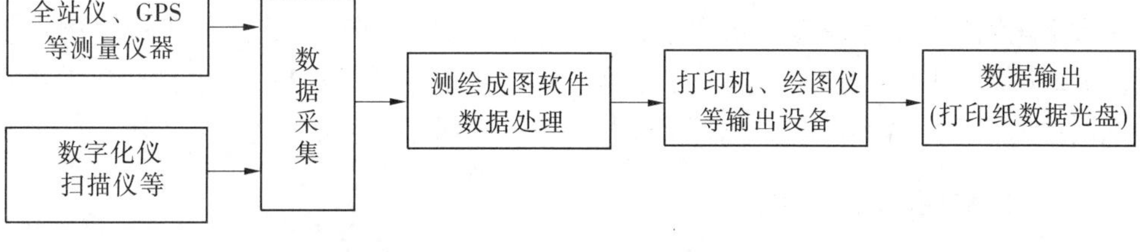

图6-1　数字化测图系统流程图

6.2 数字化测图的特点

6.2.1 点位的精度高

传统的经纬仪配合量角器的图解测图方法,其平面位置误差主要受展绘点的误差和测定误差。一般在图上误差可达 ±0.47 mm。经纬仪视距法测定高程点时,在较平坦地区(0°~6°)视距为150 m,高程测定误差达 ±60 mm,而且随着倾斜角的增大,高程测定误差会急剧增加。如只用全站仪测定,虽然测距和测角的精度大大提高,但是沿用白纸测图的方法绘制,图解地形图的精度并没有提高,这就是白纸测图致命的弱点。而数字化测图则不同,其平面位置误差约为 ±0 mm,测定地形点高差约为 ±9 mm。全站仪的测量数据作为电子信息可以自动传输、记录、存储、更新。在数据处理和成图过程中原始数据的精度毫无损失,从而获得高精度的测量成果。数字地形图很好地反映了外业测量的高精度,也体现了仪器发展更新、精度提高的高科技进步的价值。

6.2.2 作业的方式便捷高效

传统的方式主要是通过野外测定、人工记录、现场人工绘制地形图。数字测图则使野外测定自动记录、自动解算处理、自动成图。数字测图自动化程度高,读错、记错、展绘错的概率为零,绘制的地形图精确、规范、美观。

6.2.3 图件的更新便捷,具有可靠性和现势性

城镇的发展加速了城镇建筑物和结构的变化,采用地面数字测图能克服大比例尺白纸测图连续更新的困难,在房屋的改建扩建、变更地籍或房产时,只须输入有关的信息,经过数据处理就能方便地做到更新和修改,始终保持图面整体的可靠性和现势性。

6.2.4 图件的实用性和应用强大

计算机与显示器、打印机联机,可以显示或打印各种资料信息;与绘图机联机时,可以绘制各种比例尺的地形图,也可以分层输出各类专题地图,满足不同的用户的需要。

6.2.5 图件的深加工和利用便捷

数字化测图的成果是分图层存放,不受图面负载量的限制,从而便于成果的加工利用。例如房屋、电力线、铁路、道路、水系地貌等存于不同的图层中,通过打开或关闭不同的图层得到所需的各类专题图,如管线图、水系图、道路图、房屋图等。

6.2.6 GIS 的重要信息源

地理信息系统具有方便的信息查询功能、空间分析功能,以及辅助决策功能。数字化测图作为 GIS 的信息源,能及时地提供各类基础数据更新 GIS 的数据库。

6.3 控制测量

目前,大比例尺野外数字测图主要使用全站仪采集数据。野外数据采集包括两个阶段,即控制测量阶段和碎部点采集阶段。先进行首级控制测量,应有足够的精度和密度,再在首级控制点上做图根点加密。图根点加密可采用辐射法。辐射法就是在通视良好的首级控制点上,用坐标测量模式的方法,一次测定几个图根点。这种方法无须平差,可直接利用测定的坐标。为了保证图根点精度,一般要进行两次观测。由于采用全站仪采集数据,测站点到目标点的距离在500 m以内可以保证测量精度,故图根点的密度一般以在1 000 m以内点为原则。通视条件好的地方,图根点可稀疏些;但地物密集、通视困难的地方,图根点要密集些。

6.4 地面数字测图

地面数字测图也称为内外业一体化数字测图。地面数字测图法需要的生产设备为全站仪(或测距仪和经纬仪)、掌上电脑或笔记本电脑、计算机和数字化测图软件。

根据所使用的设备不同,地面数字测图主要有草图法、电子平板法、简码法、数字仪录入法等多种成图作业方式。由于从实用性和篇幅考虑,本书只介绍草图法,其他几种方法读者可参阅有关书籍。

6.4.1 草图法工作流程

草图法是在野外利用全站仪采集并记录观测数据或坐标,同时勾绘现场地物属性关系草图。回到室内,再自动或手动连线成图。其流程如图6-2所示。

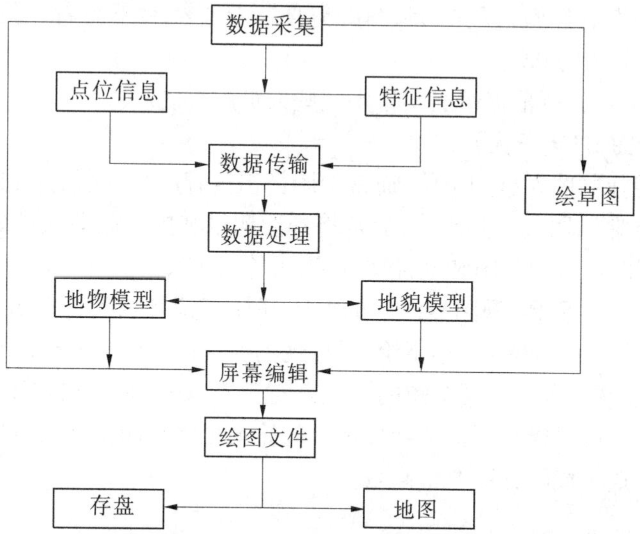

图6-2 草图法工作流程

草图法具体工作流程如下：

(1)在野外,利用全站仪采集并记录观测数据或坐标,同时勾绘现场地物连接关系草图。

(2)回到室内,记录数据下载到电脑,得到观测数据文件或坐标数据文件。

(3)将数据预处理为 dat 格式。

(4)直接展绘点位。

(5)编辑修改,最终出图。

草图法是一种十分实用、快速的测图方法。其优点是:在野外作业时间短,大大降低外业劳动强度,提高作业效率。由于免去了外业人员记忆图形编码的麻烦,因而这种作业方法,更易让一般用户接受。其缺点为:不直观,容易出错,当草图有错误时,可能还需要到实地查错。

6.4.2 人员组织

6.4.2.1 观测员(1 人)

(1)负责操作全站仪,观测并记录观测数据。

(2)应注意经常对零方向,经常与领图员对点号。

6.4.2.2 领图员(1 人)

(1)负责指挥跑尺员,现场勾绘草图。

(2)要求对图式熟悉,以保证草图的简洁、正确。

(3)当人员配备紧张时,许多单位的领图员还担负着后续处理图形数据的任务。

(4)应注意经常与观测员对点号。

6.4.2.3 跑尺员(若干人)

(1)负责现场跑尺。

(2)要求对跑点有经验,以保证制图的方便。对于经验不足者,可由领图员指挥跑尺,以防引起内业制图的麻烦。

(3)当人员充足时,可根据情况安排多一些人员跑尺。

6.4.2.4 内业制图员(若干人)

(1)对于无专业制图人员的单位,通常领图员担负着后续制图的任务。

(2)对于有专业制图人员的单位,通常将外业测量和内业制图人员分开,领图员只负责绘草图,内业制图员得到草图和坐标文件,即可连线成图。

(3)草图质量一定要高,领图员绘制的草图好坏直接影响到内业成图速度及质量的高低。如果再配置一个(A3\A4)小型绘图仪,现场就可以按坐标实时展点绘图,及时检查和纠正绘图错误。减免了人工画草图的工作。对于外业经验丰富,水平相对较高的测绘小组,外业测量也可以只要观测员和跑尺员一起凭记忆将打印出来的点快速连绘成图,交给内业人员制图,这种成图方法非常高效。

6.4.3 数字成图软件的选择

实现内外业一体化数字测图的关键是要选择一种成熟的、技术先进的数字成图软件。

目前,市场上比较成熟的大比例尺数字成图软件主要有下列四种:

(1)广州南方测绘公司开发的 CASS 数字化地形地籍成图系统;

(2)北京威远仪器公司开发的 CitoMap 地理信息采集系统;

(3)北京清华山维公司开发的 EPSW 电子平板测图系统;

(4)广州开思测绘软件公司开发的 SCS G 系列多用途数字测绘与管理系统。

这些数字化测图软件一般都是应用了数据库管理技术并具有 GIS 前端数据采集功能,其生成的数字地图可以多种格式文件输出并可以供 GIS 软件读取。它们都是在 AutoCAD 平台上开发的,其优点是可以充分利用 AutoCAD 强大的图形编辑和计算功能。

虽然上述数字化测图软件都是在 AutoCAD 平台上开发的,但它们的图形数据和地形编码一般互不兼容。对于一个测绘生产单位而言,选择适合自己本单位使用的绘图软件是很必要的。首先要看该软件是否适合本单位的实际情况;再要看其可操作性,界面是否友好,是否简便易学等。本书只对南方测绘公司的 CASS6.1 地形地籍成图软件作简要介绍。

6.4.4 CASS6.1 的运行环境

6.4.4.1 硬件环境

处理器(CPU):PentiumⅢ或更高版本,内存(RAM)最少 128 MB,至少有 300 MB 硬盘剩余空间。视频最低为 1 026 ×768 真彩色。

6.4.4.2 软件环境

Microsoft Windows 9x 或以上版本的操作系统,浏览器至少为 Microsoft Internet Explorer 6.0 或更高版本,平台为 AutoCAD 2004 或 AutoCAD 2005 版本。

6.4.5 CASS6.1 的操作界面

现以 AutoCAD 2005 为平台介绍 CASS6.1。点击安装在桌面上创建的 CASS6.1 图标,即可以启动的在 AutoCAD 2005 上安装 CASS6.1 的界面,如图 6-3 所示。

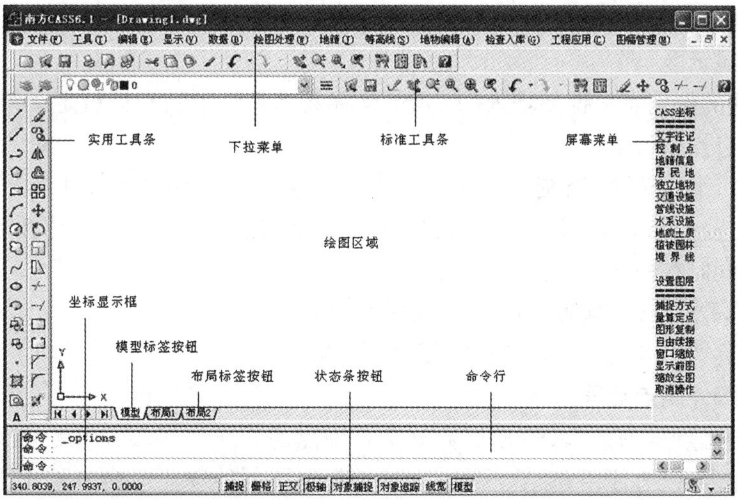

图 6-3 CASS6.1 操作界面

它与 AutoCAD 2005 的界面及操作方法是相同。两者的区别在于:下拉菜单及屏幕菜单的内容不同,各区的功能简介如下:

(1)下拉菜单区。执行主要的测量功能,通过点击下拉菜单中的命令,便可完成相应操作。

(2)屏幕菜单。所有图式符号均分门别类地设置于该菜单中,用来绘制各种类别地物,是绘图操作较频繁的菜单。

(3)绘图区域。是用户主要工作窗口,用户可以利用系统工具条中的"实时平移"与"实时缩放"按钮来动态调节视窗的大小和图形位置,是显示图形及其操作编辑区域。

(4)工具条区。各种 AutoCAD 2005 命令,是绘图最快捷的方式,用户也可以设置常用的 CASS6.1 测量工具在该区域,实质为快捷工具。

(5)命令提示区。是命令记录区,表示系统处于准备接受命令状态和系统对操作指令反映区域,提示用户操作。

(6)状态条按钮区。它在窗口最底部,功能同 AutoCAD 2005,可以设置"对象捕捉"、"对象追踪"等。

(7)坐标显示框。在程序运行或有关操作过程中,有时显示程序运行进度或操作信息。

6.4.6 将野外采集数据传输到计算机并转换数据格式

打开传输软件,设置与全站仪一致的通讯参数,包括"通讯口""波特率""数据位"和"校验位"。点击"下载",将全站仪采集的数据导入计算机。在传输软件上点击"转换",在"打开位置"输入下载下来的路径和文件夹,指定坐标转换的格式(CASS)和保存路径,单击"转换"按钮,将野外采集的数据自动转换扩展名为 dat 的数据文件。

6.4.7 绘图处理

绘图处理分"定显示区""展野外测点点号"和"展高程点"三步进行。

6.4.7.1 定显示区

定显示区的作用是根据要输入的 CASS 坐标数据文件中的坐标值定义绘图区域的大小,以保证所有点都可见。

例如,执行下拉菜单"绘图处理\定显示区"命令,在弹出的如图 6-4 所示的标准文件选择对话框,选择 CASS 自带的坐标数据文件"YMSJ. DAT",点击"打开"按钮,完成定显示区的操作,同时在命令行给出了下列提示:

最小坐标(米):X = 31067.315, Y = 54075.471

最大坐标(米):X = 31241.270, Y = 54220.000

6.4.7.2 展野外测点点号

展野外测点点号是将 CASS 坐标数据文件中点的三维坐标展绘在绘图区,并在点位的右边注记点号,以方便用户结合野外绘制的草图绘制地物。该命令位于下拉菜单"绘图处理\展野外测点点号",其创建的点位和点号对象位于"zdh"(意为展点号)图层,其中点位对象是 AutoCAD 的 Point 对象,用户可以执行 AutoCAD 的 Ddptype 命令修改点样式。

例如，执行下拉菜单“绘图处理\展野外测点点号”命令，在弹出的图6-4所示的标准文件选择对话框中，仍然可以选择“YMSJ. DAT”文件，单击“打开”按钮完成展点操作。用户可以在绘图区看见展绘好的碎部点点位和点号。

图6-4　输入坐标数据文件名的对话框

要说明的是，虽然没有注记点的高程值，但点位本身是包含高程坐标的三维空间点。用户可以AutoCAD的Id命令，打开“节点”拾取任一碎部点来查看。如40号点的坐标和高程在命令行显示为：

指定点：X = 54106.1300　Y = 31206.4300　Z = 494.7000

6.4.7.3　绘平面图

根据野外作业的草图，内业绘制平面图。点击屏幕菜单中的“定位方式”中的“坐标定位”。选择相应的地形图图式符号，然后在屏幕中将所有的地物绘制出来。系统中所有地形图图式符号都是按照图层来划分的，例如所有表示测量控制点的符号都放在“KZD”这一层，所有表示独立地物的符号都放在“DLDW”这一层，所有表示植被的符号都放在“ZBTZ”这一层，所有的居民地符号都放在“JMD”这一层。

根据外业草图，选择相应的地图图式符号在屏幕上将平面图绘出来，如图6-5所示。

1. 绘制居民地

由33、34、35号点连成一间普通房屋。这时便可点击屏幕菜单“居民地”，系统便弹出如图6-6所示的对话框。选择“四点房屋”，这时命令区提示：

已知三点\2. 已知两点及宽度\3. 已知四点 <1>：Enter

点击33、34、35号点（插入点）完成。

将37、38、39号点绘成四点房屋；37、38、41号点绘成四点棚房；60、58、59号点绘成四点破坏房子；12、14、15号点绘成四点建筑中房屋。

应注意以下事项：

（1）已知三点是指测矩形房子时测了三个点，已知两点及宽度则是指测矩形房子时测了两个点及房子的一条边，已知四点则是测了房子的四个角点。

（2）当房子是不规则的图形时，可用“实线多点房屋”或“虚线多点房屋”来绘。

（3）绘房子时，点号必须按顺序点击，如上例的点号按34、33、35或35、33、34的顺序，否则绘出来的房子就不对。

依草图绘多点一般房屋，如图6-7所示，测量了50、51、53、55四个点和丈量了一边长

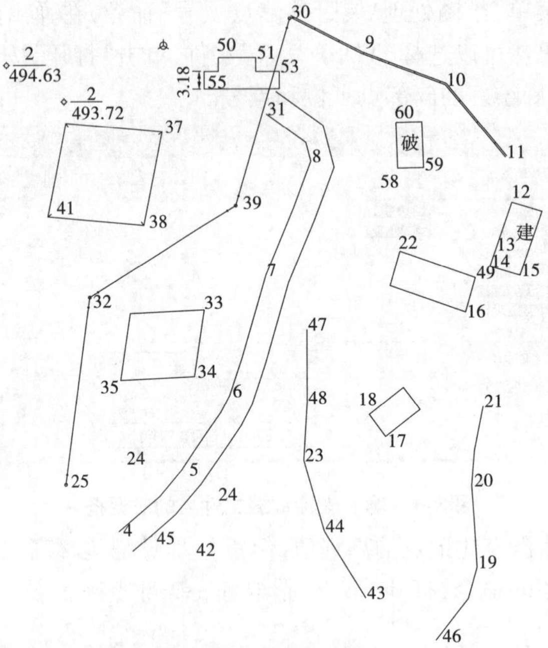

图 6-5　外业作业草图

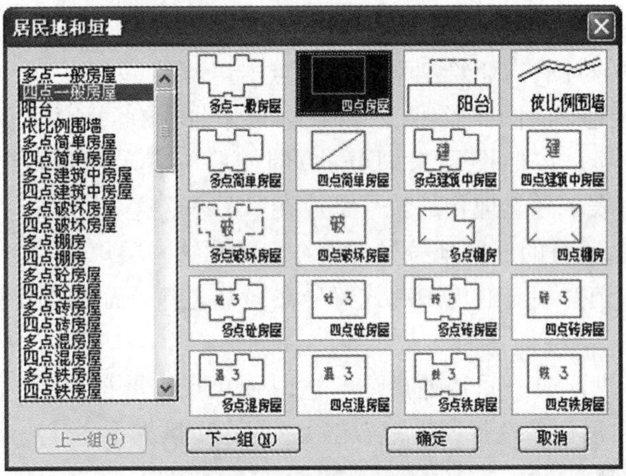

图 6-6　居民地和垣栅

为 3.18 m。绘制多点一般房屋的步骤如下：

点击屏幕菜单的居民地选择多点一般房屋，点击 50、51 号点，这时在命令行提示：

曲线 Q 图边长交会 B\隔一点 J\微导线 A\延伸 E\插点 I\回退 U\换向 H <指定点>：

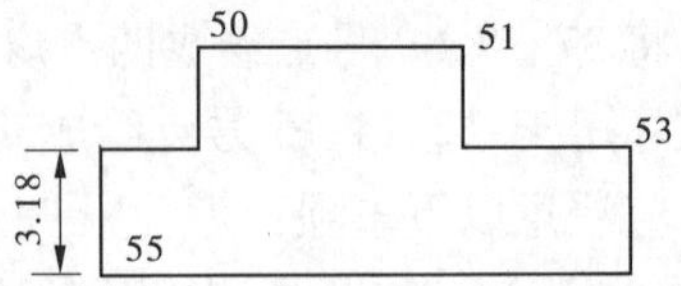

图 6-7　外业多点一般房屋草图

输入 J，回车，点击 53 号点；输入 J，回车，点击 55 号点；输入 A，回车，命令行提示：

微导线—键盘输入角度(K)\指定方向点(只确定平行和垂直方向)>

输入 K，回车，按提示输入角度(度、分、秒)270.0000；回车，输入距离(米)，键入 3.18

回车,点击50号点完成多点一般房屋的绘制。

2. 绘制交通设施

由4,5,6,7,8,31连接成平行建筑等外公路。点击屏幕菜单中的"交通设施",弹出"交通及附属设施类"对话框,选择"平等建筑等外公路"按钮并"确定",根据命令行提示分别捕捉4,5,6,7,8,31六个点按回车结束指定点位操作,命令行提示如下:

拟合线 <N>? y

一般选择拟合,键入y点击回车命令行提示如下:

1. 边点式\2. 边宽式\(按ESC键退出):<1> Enter

用鼠标点取45号点完成平行建筑等外公路的绘制。

6.4.8 等高线

6.4.8.1 展高程点

白纸测图中,等高线是通过对测得的碎部点进行线性内插,手工勾绘而成的,这样勾绘的等高线精度较低。而在数字测图中,等高线是在CASS中通过创建数字地面模型DTM后自动生成的,生成的等高线精度相当高。

DTM是指在一定的区域范围内,规则格网或三角形点的平面坐标(X,Y)和其他地形属性的数据集合。如果该地形属性是该点的高程坐标H,则此数字地面模型又称为数字高程模型DEM。DTM从微分角度三维地描述了测区地形的空间分布,应用它可以按用户设定的等高距生成等高线、任意方向的断面图、坡度图、透视图、渲染图,与数字DOM复合生成景观图,或者计算对象的体积、覆盖面积等。

展高程点的作用是将CASS坐标数据文件中点的三维坐标展绘在绘图区,并根据用户给定的间距注记点位的高程值。该命令位于下拉菜单"绘图处理\展高程点",其创建的点位对象位于"GCD"(意为高程点)图层,其中点位对象是半径为0.5的实心圆。

例如,执行下拉菜单"绘图处理\展高程点"命令,命令行提示如下:

绘图比例尺1:<500>

输入绘图比例尺的分母值后,按回车键,在弹出的标准文件选择对话框中,选择"DGX.dat",单击"打开"按钮,命令行提示如下:

注记高程点的距离(米):

输入了注记高程点的距离后,按回车键完成展高程点操作。此时点位和高程注记对象与前面绘制的点位和点号对象重叠。为了绘制地物的方便,用户可以先关闭"GCD"图层。

6.4.8.2 建立DTM

执行下拉菜单"等高线\建立DTM"命令,弹出如图6-8所示的"建立DTM"对话框。在该对话框中有两种建立DTM的方式:一种是"由数据文件生成";另一种是"由图面高程点生成",默认是"由数据文件生成"。在建模过程中有两种情况可供我们选择,一种要考虑陡坎,一种要考虑地性线,不选也可以。在结果显示中有三种供我们选择:一是"显示建三角网结果";二是"显示建三角网过程";三是"不显示三角网"默认是"显示建三角网结果"。在此时选择"DGX.dat",并确定后,显示如图6-9所示的三角网,在命令行提示：

连三角网完成!,共 224 个三角形

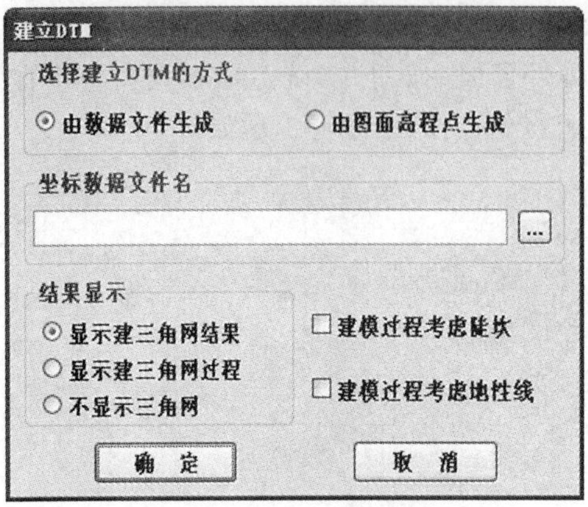

图 6-8 “建立 DTM”对话框

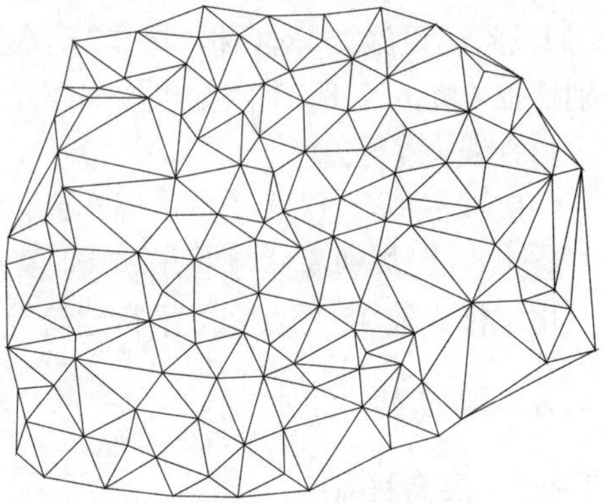

图 6-9 DGX. dat 文件生成的三角网

6.4.8.3 修改数字地面模型

由于现实地貌的多样性、复杂性和某些点的高程缺陷(如控制点在楼顶),直接使用外业采集的碎部点很难一次性生成准确的数字地面模型,这就需要对生成的数字地面模型进行修改,它是通过修改三角网来实现的。

1. 删除三角形

如果在某局部内没有等高线通过,则可将其局部内相关的三角形删除。删除三角形的操作方法是:选择“等高线\删除三角形”命令,提示 Select objects:,这时便可选择要删除的三角形,如果误删,可用“U”命令恢复。

2. 过滤三角形

如果 CASS 在建立三角网后无法绘制等高线或生成的等高线不光滑,可用此功能过滤掉部分形状特殊的三角形。这是由于某些三角形的内角过小或边长悬殊过大所致。

3. 增加三角形

如果要增加三角形,可选择“等高线”菜单中的“增加三角形”项,依照屏幕的提示在要增加三角形的地方用鼠标点取,如果点取的地方没有高程点,CASS 会提示输入高程。

4. 三角形内插点

选择此命令后,可根据提示输入要插入的点:在三角形中指定点(可输入坐标或用鼠标直接点取),提示高程(米)=时,输入此点高程。通过此功能可将此点与相邻的三角形顶点相连构成三角形,同时原三角形会自动被删除。

5. 删除三角形顶点

用此功能可将所有由该点生成的三角形删除。这个功能常用在发现某一点坐标错误时,要将它从三角网中剔除的情况下。

6. 重组三角形

指定两相邻三角形的公共边,系统自动将两三角形删除,并将两三角形的另两点连接起来构成两个新的三角形,这样做可以改变不合理的三角形连接。

7. 删除三角网

生成等高线后就不再需要三角网了,可以用此功能将整个三角网全部删除。

8. 修改结果存盘

通过以上命令修改了三角网后,选择“等高线”菜单中的“修改结果存盘”项,把修改后的数字地面模型存盘。要注意的是,修改了三角网后一定要进行此步操作,否则修改无效! 当命令区显示:存盘结束!时,表明操作成功。

6.4.8.4 绘制等高线

执行下拉菜单“等高线\绘制等高线”命令,弹出如图 6-10 所示的“绘制等值线”对话框。在该对话框中显示最小高程、最大高程和拟合方式。输入等高距值后点击“确定”,显示如图 6-11 所示的等高线,它位于“SJW”(意为三角网)图层。

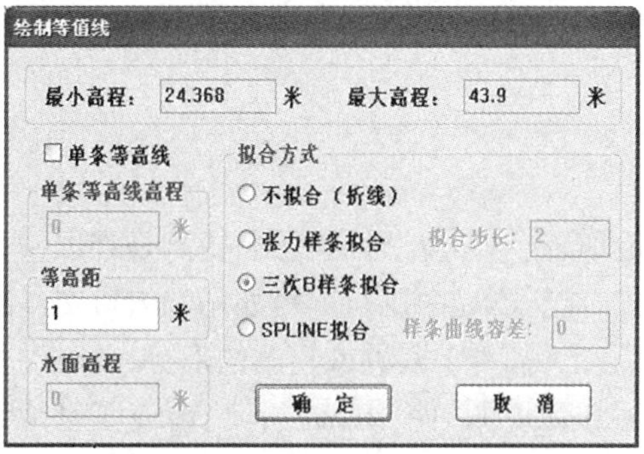

图 6-10 绘制等值线对话框

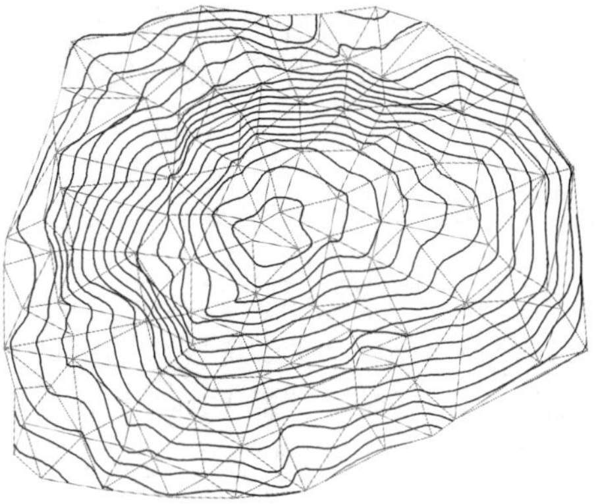

图 6-11 完成绘制等高线

6.4.8.5 三维模型

建立了 DTM 之后,就可以生成三维模型,观察立体效果。

该命令位于下拉菜单“等高线\三维模型\绘制三维模型”项,按左键,命令区提示:

最大高程: 43.90 米, 最小高程:24.37 米

输入高程乘系数 <1.0 >:键入 5

整个区域东西向距离 =276.96 米,南北向距离 =224.77 米

输入格网间距 <8.0 >:键入 5

是否拟合? (1)是 (2)否 <1 >Enter

如果用默认值,建成的三维模型与实际情况一致。如果测区内的地势较为平坦,可以输入较大的高程乘系数值,将地形的起伏状态放大。因为坡度变化不大,输入高程乘系数值为 5 将其夸张显示。这时将显示此数据文件的三维模型,如图 6-12 所示。它位于 SHOW 图层。

要说明的是,执行“绘制三维模型”命令后,为了更清晰地观察三维地面模型效果,CASS 自动冻结了除 SHOW 图层外的全部图层,并将 SHOW 图层设置为当前图层。

另外利用“低级着色方式”“高级着色方式”功能还可对三维模型进行渲染等操作,利用“显示”菜单下的“三维静态显示”的功能可以转换角度、视点、坐标轴,利用“显示”菜单下的“三维动态显示”功能可以绘出更高级的三维动态效果。

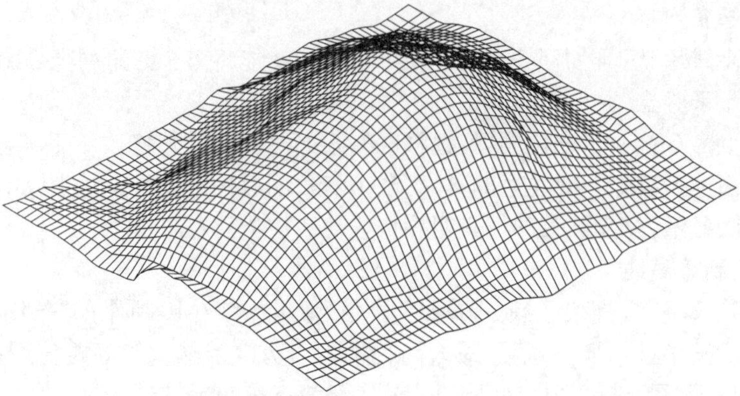

图 6-12　DGX. dat 文件生成的高程系数等于 5 格网间距等于 5 的三维模型效果图

等高线的修饰，由于篇幅限制我们在这里就不介绍了，读者可参阅有关书籍或使用说明书。

6.4.9　编辑与图幅整饰

在大比例尺数字测图的过程中，由于实际地形、地物的复杂性，漏测、错测是难以避免的，这时必须要有一套功能强大的图形编辑系统，对所测地图进行屏幕显示和人机交互图形编辑，在保证精度情况下消除相互矛盾的地形、地物，对于漏测或错测的部分，及时进行外业补测或重测。另外，对于地图上的许多文字注记说明，如：道路、河流、街道等也是很重要的。

图形编辑的另一重要用途是对大比例尺数字化地图的更新，根据实测坐标和实地变化情况，随时对地图的地形、地物进行增加或删除、修改等，以保证地图具有现势性。

对于图形的编辑，CASS6.1 提供“编辑”和“地物编辑”两种下拉菜单。其中，“编辑”是由 AutoCAD 提供的编辑功能，即图元编辑、删除、断开、延伸、修剪、移动、旋转、比例缩放、复制、偏移拷贝等，“地物编辑”是对地物进行编辑，即线型换向、植被填充、土质填充、批量删剪、批量缩放、窗口内的图形存盘、多边形内图形存盘等。下面只对“改变比例尺”“线型换向”“图形分幅”和“图幅整饰”加以说明。

6.4.9.1　改变比例尺

执行“文件\打开已有图形”命令，打开“STUDY. DWG”，屏幕上将显示，如图 6-13 所示的 STUDY. DWG 文件图形。

执行“绘图处理\改变当前图形比例尺”，命令区提示：

当前比例尺为 1∶500

输入新比例尺 <1∶500 > 1∶100（键入 100 的点击 Enter）

是否自动改变符号大小？（1）是（2）否　<1 > Enter

这时屏幕显示的 STUDY. DWG 图就转变为 1∶100 的比例尺，各种地物包括注记、填充符号都已按 1∶100 的图示要求进行了转变。

6.4.9.2　线型换向

通过屏幕菜单绘出未加固陡坎、加固斜坡、不依比例围墙各一个，如图 6-14(a)所示。

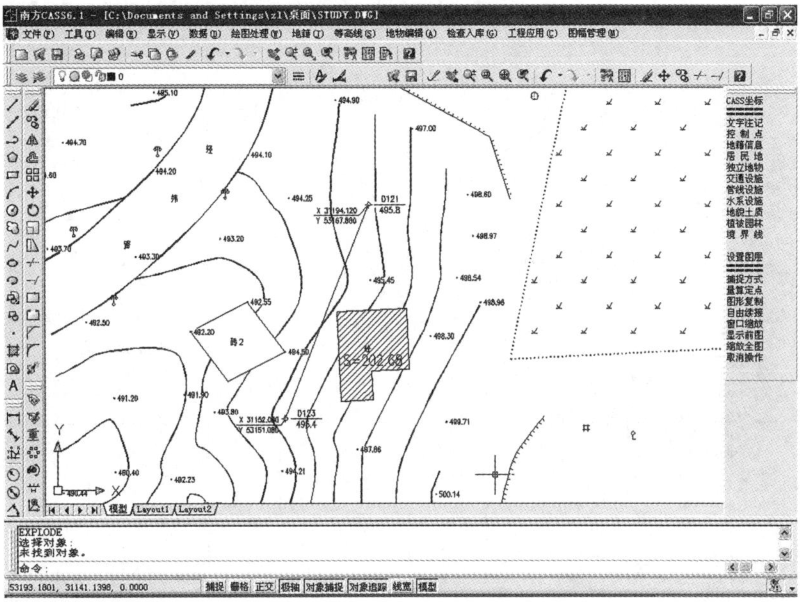

图 6-13　STUDY. DWG 图形文件示意图

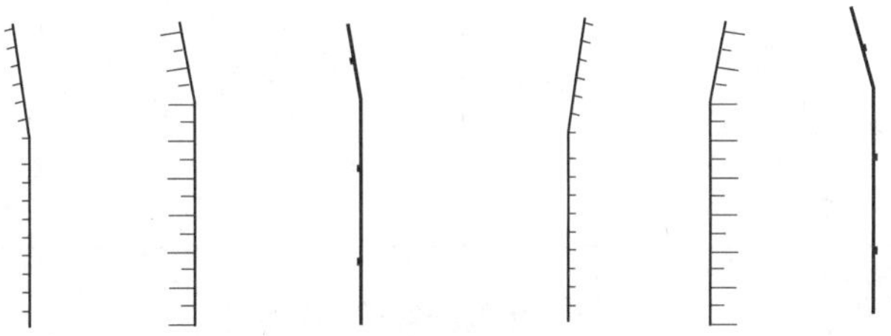

(a)　　　　(b)

图 6-14　线性换向前后示意图

执行“地物编辑\线型换向”命令,命令区提示:

请选择实体

用鼠标点击需要换向的实体,完成换向。结果如图 6-14(b)所示。

6.4.9.3　图形分幅

执行“绘图处理\批量分幅\建立格网”, 命令区提示:

请选择图幅尺寸:(1)50 * 50 (2)50 * 40 (3)自定义尺寸 <1 > Enter

输入测区一角:

输入测区另一角:

输入测区一角:在图形左下角点击左键。输入测区另一角: 在图形右上角点击左键。

这样 CASS6.1 自动以各个分幅图的左下角的 X 坐标和 Y 坐标来命名,如“31.05 - 53.10”、“31.05 - 53.15”等,如图 6-15 所示。

执行“绘图处理\批量分幅\批量输出” 命令,CASS6.1 则自动将各个分幅图保存在用户指定的路径下。

6.4.9.4　图幅整饰

执行“文件\CASS 参数配置\图框设置” 命令,屏幕显示如图 6-16 所示。完成设置后

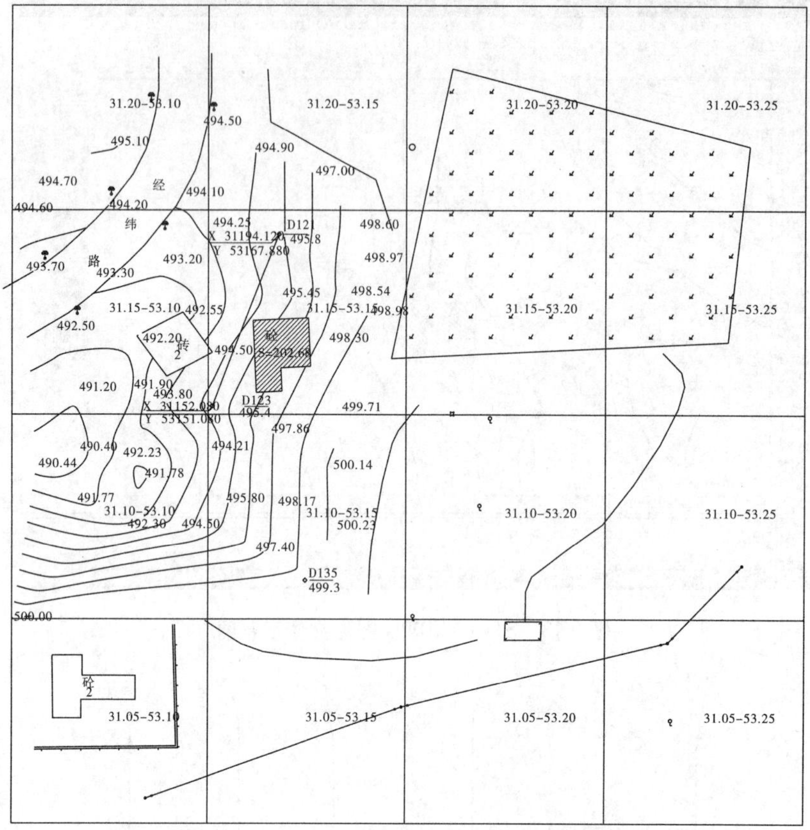

图 6-15　批量分幅建立的格网

点击“确定”。

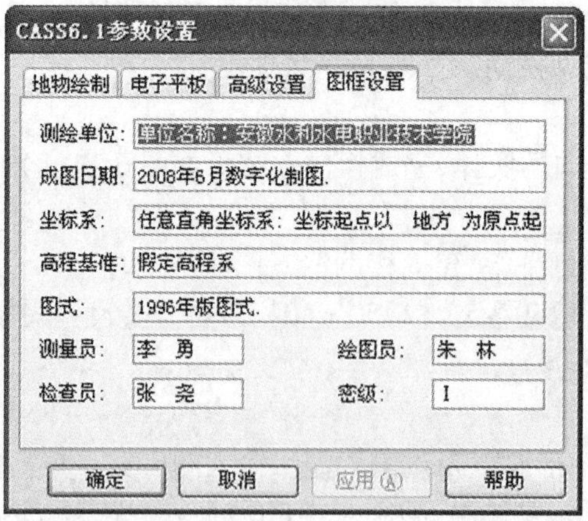

图 6-16　CASS 参数设置中的图框设置

打开“31.15－53.15.dwg”文件图框，显示如图 6-17 所示。因为 CASS6.1 系统所采用的坐标系统是测量坐标，即 1∶1的真坐标，加入 50 cm×50 cm 图廓后。

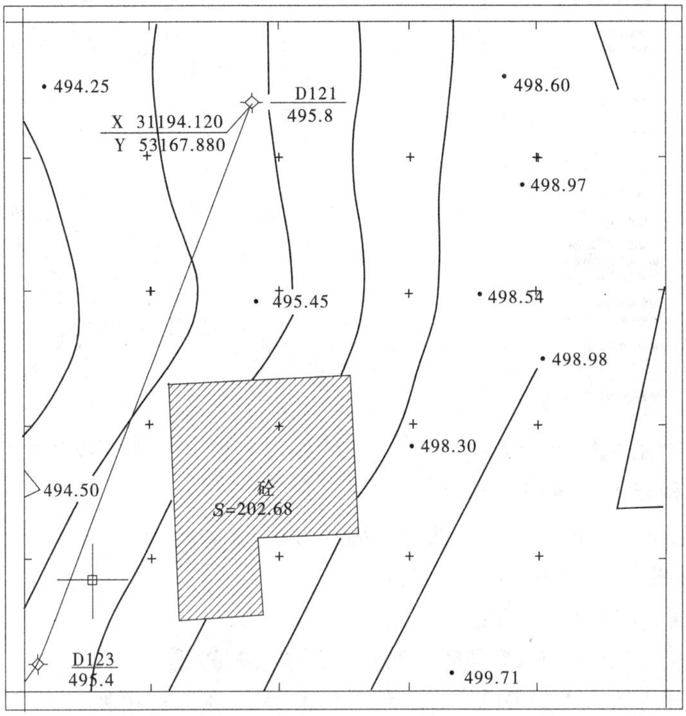

图 6-17 加入图廓的"31.15 – 53.15.dwg"平面图

6.5 数字地形图应用基础

本节介绍使用 CASS6.1 在数字地形图上查询点位坐标、直线的方位角和距离、封闭对象或指定区域的面积,计算填挖土方量,选线、绘制路线纵横断面图等命令的操作方法,这些命令放置在下拉菜单"工程应用"下,如图 6-18 所示。

6.5.1 查询计算与结果注记

打开 C:\Program Files\CASS6.1\DEMO\STUDY.DWG 图形文件,下面的查询操作都在该图形文件中进行。

6.5.1.1 查询指定点的坐标

执行下拉菜单"工程应用/查询指定点坐标"命令,提示如下:

输入点:(捕捉图 6-19 中的图根点 D121)

测量坐标:X = 31194.120 米 Y = 53167.880 米 H = 495.800 米

如要在图上注记点的坐标,应执行屏幕菜单的"文字注记"命令,在弹出的"注记"对话框中点击坐标注记图标,鼠标点取指定注记点和注记位置后,CASS 自动标注为 X,Y 坐标。图 6-19 注记了图根点 D121 和 D123 点的坐标。

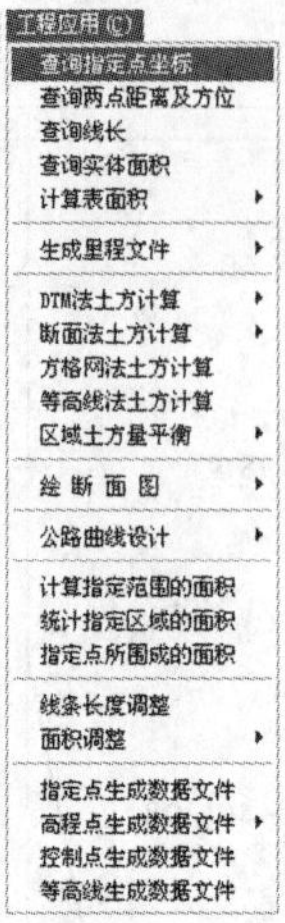

图 6-18 “工程应用”下拉菜单

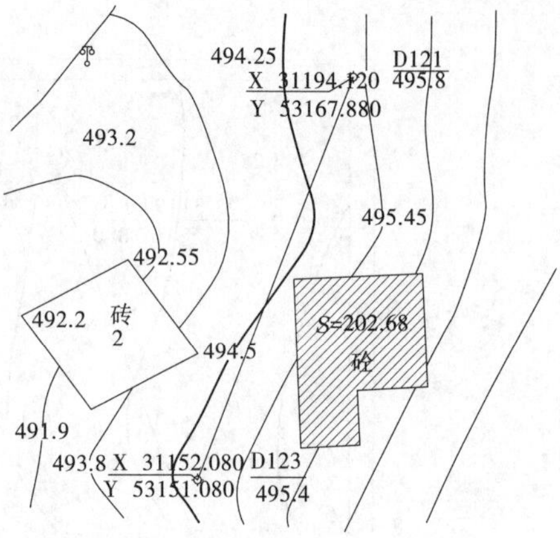

图 6-19 数字地形图应用实例

6.5.1.2 查询两点的距离和方位角

执行下拉菜单“工程应用\查询两点距离及方位角”命令,提示如下:

第一点:(捕捉图 6-19 中的 D121 点)

第二点:(捕捉图 6-19 中的 D123 点)

两点间距离 =45.273 米,方位角 =201 度 46 分 57.39 秒

注意:如果捕捉第一点是 D123,捕捉第二点是 D121,则方位角为 21 度 46 分 57.39 秒。

6.5.1.3 查询线长

执行下拉菜单“工程应用\查询线长”命令,提示如下:

请选择要查询的线状实体:(点取砼和砖 2 两个对象)

选择对象: 找到 1 个,总计 2 个(点击回车确定)

CASS 弹出如图 6-20 所示的提示框给出查询对象的线长值。

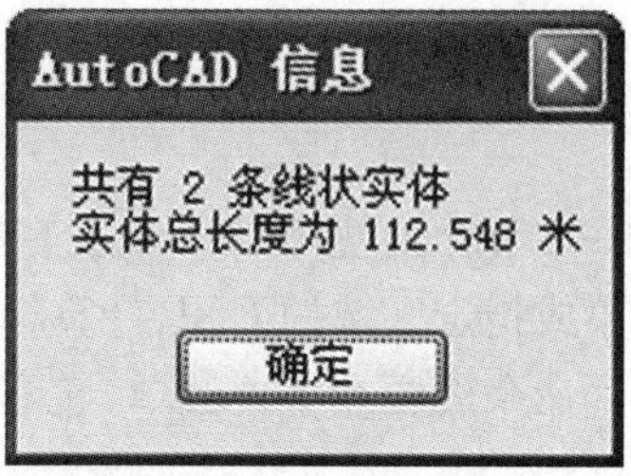

图 6-20 线长查询信息

实体总长度为 112.548 米

6.5.1.4 查询封闭对象的面积

执行下拉菜单“工程应用\查询实体面积”命令,提示如下:

选择对象:(点取图 6-19 中砼房屋轮廓线)

实体面积为 202.683 平方米

6.5.1.5 注记封闭对象的面积

执行下拉菜单“工程应用\计算指定范围的面积”命令,提示如下:

1. 选目标/2. 选图层/3. 选指定图层的目标 <1>

注:①选目标:选择指定的封闭对象。②选图层:键入图层名,注记该图层上的全部封闭对象的面积。③选指定图层的目标:先键入图层名,再选择该图层上的封闭对象,注记它们的面积。

现以图 6-19 为例,注记封闭砼房屋的面积并对区域加青色阴影线的操作步骤如下:

1. 选目标/2. 选图层/3. 选指定图层的目标 <1> Enter

是否对统计区域加青色阴影线？ <Y> Enter

总面积 = 202.68 平方米

注意：CASS 将各种类型房屋都放置在 JMD（意为居民地）图层，面积注记文字位于封闭对象的中央，并自动放置在 MJZJ（意为面积注记）图层。

6.5.1.6 统计注记面积

对图中面积注记数字求和。统计上述全部面积的操作步骤为：

执行下拉菜单“工程应用\统计指定区域的面积”命令，提示如下：

面积统计 - - 可用：窗口（W.C）/多边形窗口（WP.CP）/... 等多种方式选择已计算过面积的区域

选择对象：all（找到 256 个）

选择对象：Enter

总面积 = 441.36 平方米

6.5.1.7 计算指定点围成的面积

还以图 6-19 为例，指定砖 2 房屋面积的操作步骤如下：

执行下拉菜单“工程应用\指定点围成的面积”命令，提示如下：

指定点：

……

指定点：Enter

指定点所围成的面积 = 156.517 平方米

CASS 计算出由指定点围成的面积，只在命令行提示结果，并不注记在图上。

6.5.2 土方量的计算

土方量的计算方法有五种。

6.5.2.1 DTM 法土方量的计算

该法又分 4 种方法，如图 6-21 所示，由于方法类似我们只介绍“根据坐标文件”方法计算土方量的计算。

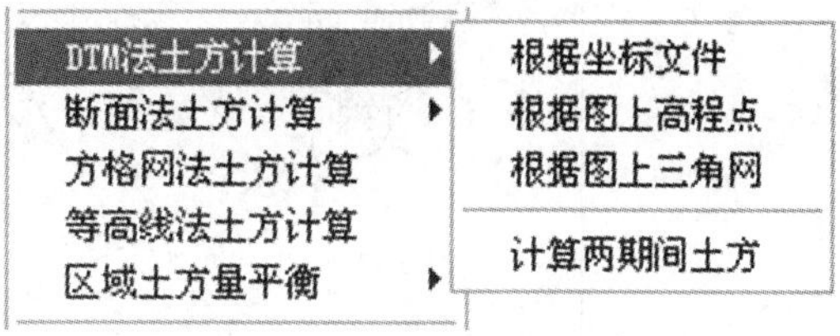

图 6-21 DTM 法土方计算

下面以“Dgx.dat”文件为例讲解操作方法。

执行下拉菜单“绘图处理\展高程点”命令，将坐标数据文件“Dgx.dat”中的碎部点三维坐标展绘在当前图形中。

执行 AutoCAD 的多段线命令绘制一条闭合多段线作为土方计算的边界，如图 6-22 所示。

执行下拉菜单“工程应用\DTM 法土方计算\根据坐标文件”命令，提示如下：

选择土方边界线（选择闭合多段线）

CASS 弹出“输入高程点数据文件名”对话框，打开“Dgx.dat”文件。

CASS 给出“DTM 土方计算参数设置”对话框，如图 6-23 所示。

在此对话框中 CASS 已计算出区域面积，用户设置“平场标高”“边界采样间距”和“边坡设置”。键入平场标高 36，边界采样间距 10。点击“确定”。在命令行显示：

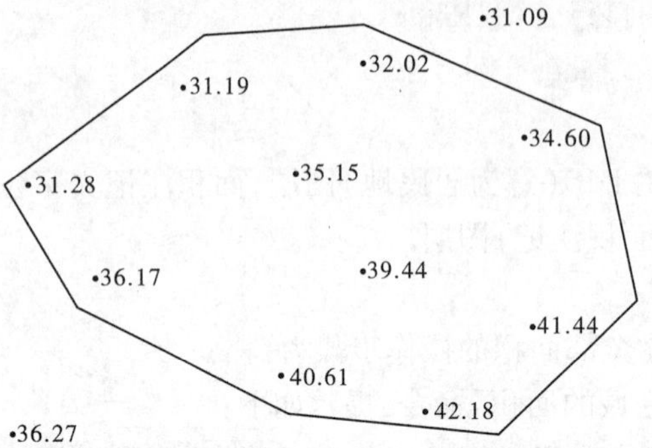

图 6-22　闭合多段线作为土方计算边界

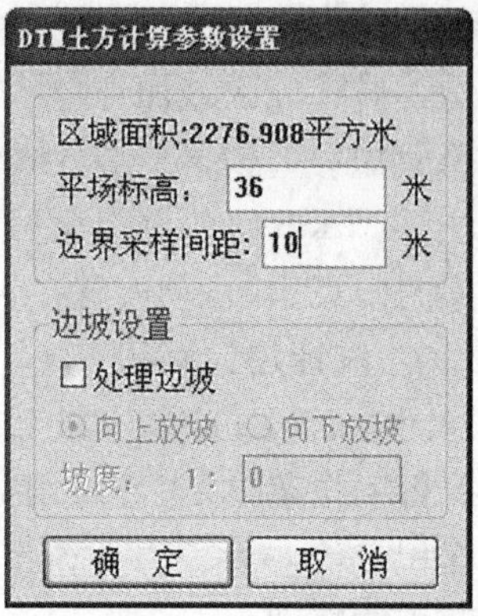

图 6-23　DTM 土方计算参数设置

挖方量 = 4038.3 立方米,填方量 = 2390.0 立方米

请指定表格左下角位置: <直接回车不绘表格>

点击屏幕空白处,完成响应后,在屏幕上指定表格位置以后 CASS 将绘制一个图 6-24 所示的土方计算表格。

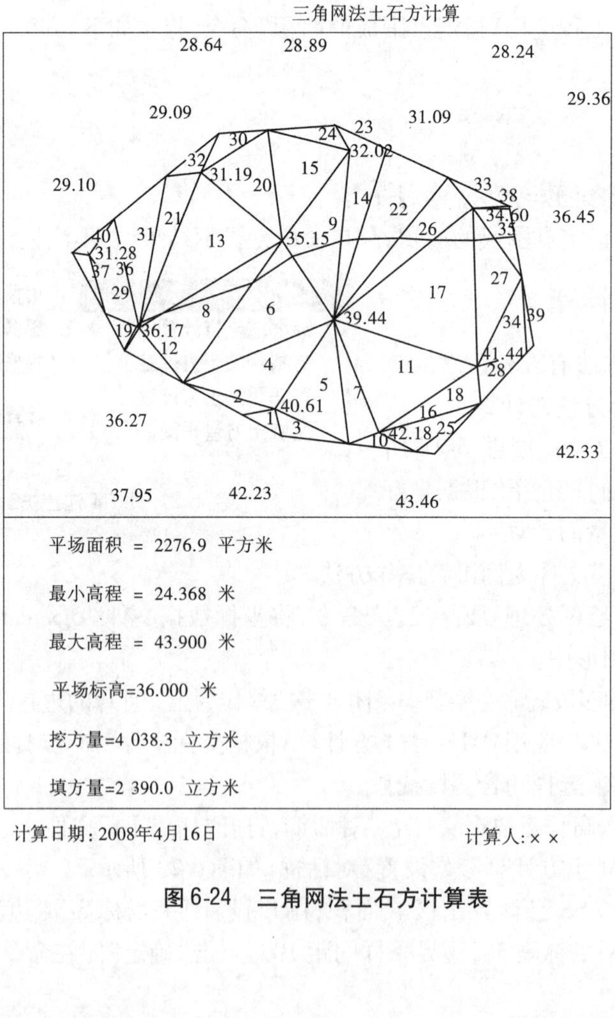

图 6-24　三角网法土石方计算表

6.5.2.2 方格网法土方量的计算

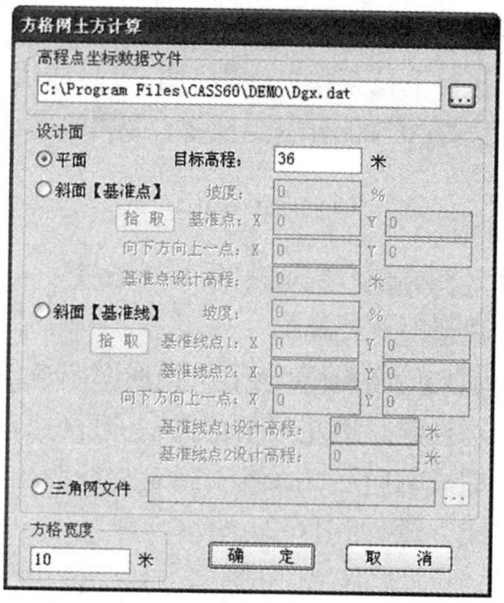

图 6-25 方格网土方计算对话框

执行下拉菜单“工程应用\DTM 法土方计算\方格网法土方计算”命令，在弹出的标准文件对话框中选择“Dgx. dat”文件后，提示如下：

选择土方计算边界线

CASS 弹出如图 6-25 所示的“方格网土方计算”对话框，键入“高程点坐标数据文件”的路径和目标高程 36，在方格宽度键入 10。完成响应后，CASS 绘制如图 6-26 所示的方格网计算结果，并在命令行提示如下：

最小高程 =24.368，最大高程 =43.900

总填方 =2513.7 立方米，总挖方 =3936.2 立方米

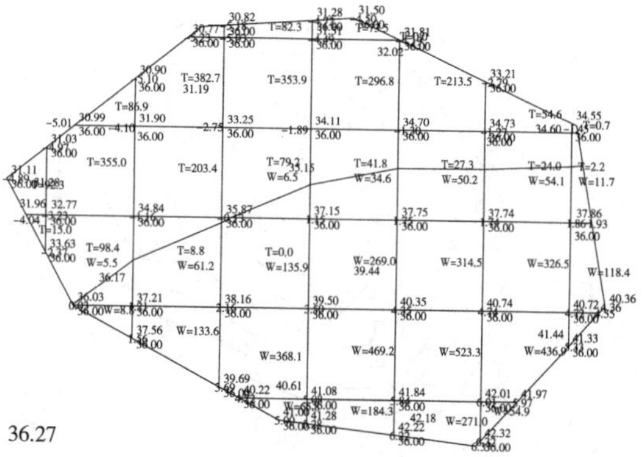

	挖方									
	0.0									
	0.0									
	157.1									
	1230.9									
	1972.1									
	576.1	36.27								
总面积	2276.9	107.3	540.3	616.3	515.5	412.0	240.8	78.6	2.9	填方
总填方	2513.7									
总挖方	3936.2									
平均高度										

图 6-26 方格网土方计算表

6.5.2.3 等高线法土方量的计算

该命令可以计算任意两条封闭等高线间的土方量。现以“Dgx. dat”文件为例讲解操

作方法。

执行下拉菜单“工程应用\等高线法土方计算”命令，提示如下：

选择参与计算的封闭等高线(依次点取图 6-11 中从山顶向山底方向的 6 条闭合等高线)

……

选择对象：找到 1 个，总计 6 个

选择对象：Enter

输入最高点高程：< 直接回车不考虑最高点 > Enter

请指定表格左上角位置：< 直接回车不绘表格 >

完成响应后，CASS 在指定处绘制土方计算表，并给出相邻两条等高线之间的土方量和总土方量，如图 6-27 所示。

等高线法土石方计算

计算人：××

计算日期：××年×月×日

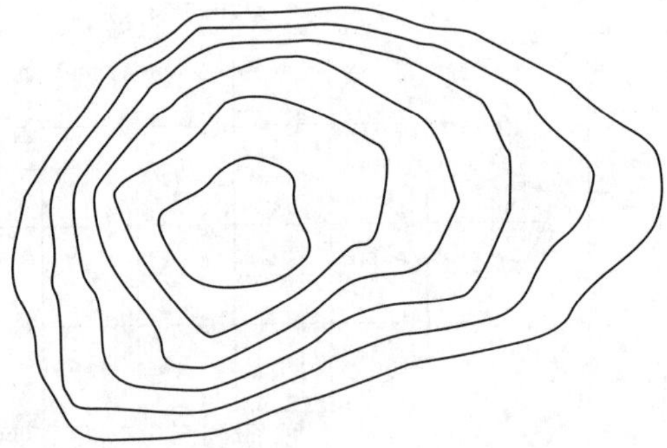

计算公式：$V=(A1+A2+\sqrt{A1*A2})*(h2-h1)/3$

A1（平方米）	h2（米）	A2（平方米）	h1（米）	V（立方米）
10602.21	38.000	8105.83	39.000	9326.1
8105.83	39.000	5922.66	40.000	6985.8
5922.66	40.000	3958.81	41.000	4907.9
3958.81	41.000	2219.57	42.000	3047.6
2219.57	42.000	734.15	43.000	1410.1
合　计				25677.4

图 6-27　等高线法土方计算表

6.5.2.4　区域土方量平衡计算

计算指定区域挖填的设计高程和土方量。执行下拉菜单“工程应用\区域土方量平衡\根据坐标数据文件”命令，提示如下：

选择土方边界线

请输入边界插值间隔(米):<20 > 10

土方平衡高度=36.724 米,挖方量=3166 立方米,填方量=3166 立方米

请指定表格左下角位置:< 直接回车不绘表格 >

完成响应后,CASS 在指定处绘制一个土方计算表和挖填平衡分界线,如图 6-28 所示。

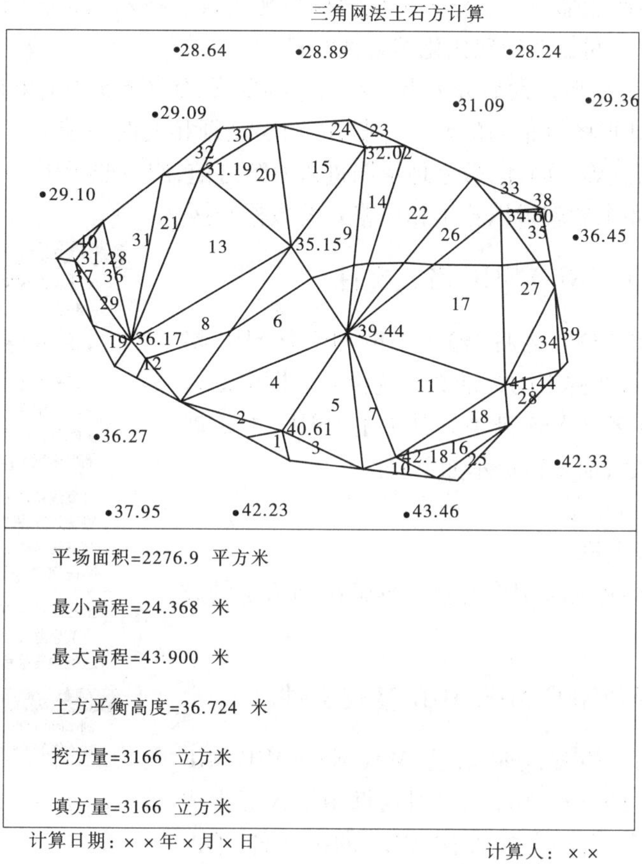

图 6-28 区域土方量平衡计算表

6.6 数字地形图与 GIS 的数据交换

使用数字测图软件可以将地物和地貌的位置在图上准确地表示出来,但很难将地物和地貌的属性表示上去,如图上河流的长度、宽度、水深和水质等,更不用说对这些属性数据进行各种查询和统计分析了。而使用数据库系统却很容易地保存和管理这些属性数据,各种查询和统计分析更是数据库系统的强项,但要将这些属性数据表示在一幅图上显然就不是数据库系统可以胜任的了。因此,随着社会的发展,就出现了一种将图形管理和数据管理有机结合的信息技术,它结合了两者的优势,克服了数据库和图形系统各自固有的局限性,这就是地理信息系统,即 GIS。

国际上较先进的 GIS 平台软件有美国环境系统研究所开发的 ArcView 软件、MapInfo 公司开发的 MapInfo Professional 软件、Autodesk 公司开发 AutoCAD Map 软件等。GIS 软件既管理对象的位置又管理对象的属性,并且位置和属性是自动关联的。

GIS 作为有关空间数据管理、空间信息分析及其传播的计算机系统,在近年的发展中已取得巨大的成就,并广泛应用于土地利用、资源管理、环境监测、交通运输、城市规划、经济建设以及政府各职能部门。它作为传统学科与现代科学技术相结合的产物,正在逐步发展成为一门处理空间数据的现代化综合性学科。

GIS 软件将所有地形要素划分为点、线、面三种要素,如图 6-5 中的电杆、平行公路、简单房屋,它对数字地形图有很高的要求,例如同图层线划相交时不能有悬挂点,同类线划相交时不能有伪结点等。因此,数字地形图进入 GIS 之前,应按照所用 GIS 软件的要求进行适当编辑,达到要求后就可以输出相应格式的数据交换文件了。

6.6.1 输出 ARC/INFO SHP 格式文件

执行下拉菜单"检查入库/输出 ARC/INFO SHP 格式"命令,见图 6-29,在弹出的标准文件选择对话框中键入要生成的数据文件名,CASS 自动为其加上"SHP"的扩展名,单击"保存"按钮,命令行提示如下:

请指定图幅左下角:

请指定图幅右上角:

完成响应后,即将所选图形对象数据输出到给定的数据文件中。

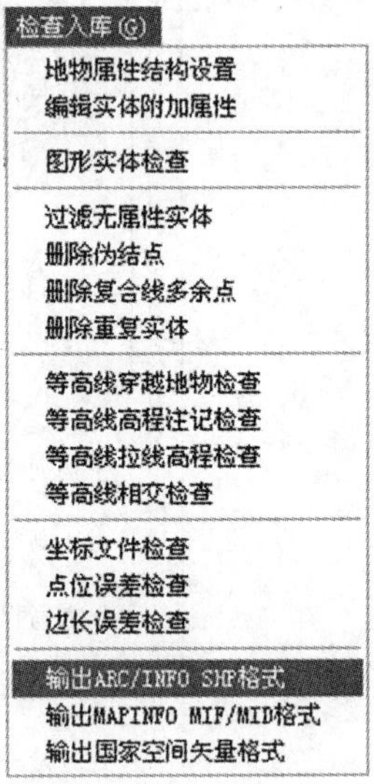

图 6-29　图形数据输出格式

6.6.2 输出 MAPINFO MIF/MID 格式文件

执行下拉菜单"检查入库/输出 MAPINFO MIF/MID 格式"命令,在弹出的标准文件选择对话框中键入要生成的数据文件名,CASS 自动为其加上"MIF"的扩展名,单击"保存"按钮,即将当前图形的全部对象数据输出到给定的数据文件中。

6.6.3 输出国家空间矢量格式

"国家空间矢量格式"是我国对国内的 GIS 软件制定的一个强制性标准,它要求国内所有的 GIS 软件都应支持这一标准。

执行下拉菜单"检查入库/输出国家空间矢量格式"命令,在弹出的标准文件选择对话框中键入要生成的数据文件名,CASS 自动为其加上"VCT"的扩展名,单击"保存"按钮,即将当前图形的全部对象数据输出到给定的数据文件中。

6.6.4 输出文本格式的数据交换文件

CASS 还可以输出扩展名为"CAS"的文本格式的数据交换文件,该文件包含有当前图形全部对象的所有几何信息和属性信息。南方测绘公司在《CASS 参考手册》中给出了其文件格式,供用户根据自己所用的GIS软件开发转换程序时参考。

执行下拉菜单“数据\生成交换文件”命令,在弹出的标准文件选择对话框中键入要生成的数据文件名,CASS自动为其加上“CAS”的扩展名,单击“保存”按钮,即将当前图形的全部对象数据输出到给定的数据文件中。而执行下拉菜单“数据\生成交换文件”命令,又可以将CAS格式的文件读入CASS中。

6.7 信息化测绘体系的定位与框架

6.7.1 信息化测绘及特征

信息化测绘就是在数字化测绘的基础上,在完全网络化运行环境下,实现实时有效的地理信息综合服务的测绘方式和功能形态。

它应具有以下特征:

(1)从“生产”到“服务”,即体系的功能取向是从以测绘产品生产为主,转为以地理空间信息综合服务为主。

(2)从“静态”到“动态”,即体系对地理信息的获取和数据库建设将从以静态生产为主,转为以动态变化监测和实时更新为主。

(3)从“局域”到“广域”,即作为数据传输和信息交互的网络支撑运行环境,对于数字化测绘生产,可以局域网为主,要实现数据传输和信息交互彻底的网络化。

(4)从“专用”到“公用”,即体系的基础设施,应从原来的以供专业使用为主,升级改造为以满足社会公共使用为主,实现测绘基础设施公用化,将其建设成为社会公共服务的平台。

(5)从“封闭”到“开放”,即体系的运行主体应从测绘系统内部扩展到其他应用部门,从公益性测绘保障体系内部扩展到地理信息产业体系,形成企事业单位、政府机构和用户大众协同运作的开放机制,实现信息服务的社会化。

(6)建立信息共享相关的法规、标准体系和运行机制,实现信息共享法制化。

归纳以上特征,信息测绘化可表述为“技术体系数字化、功能取向服务化、数据获取实时化、信息交互网络化、基础设施公用化、信息服务社会化、信息共享法制化”。

6.7.2 信息化测绘的时代性

信息化测绘不是甩开数字化测绘,它是在数字化测绘基础上向信息服务升级和跨越。从技术层面看,信息化测绘的技术基础仍然是数字化测绘,只不过是在新阶段将按实时有效的地理信息综合服务的要求进一步向高层次发展。

向信息化测绘迈进是发展规律的必然和时代要求。在世界高新技术飞快发展和社会需求不断变化的推动下,国际上测绘的发展正在经历一场以地图生产为主转向以地理信息综合服务为主的重大变革。我国测绘也不例外,虽然经过一二十年的努力已实现由传统测绘向数字化测绘的整体转化,但主要还是在生产技术层面上实现了这个转化,还不能说在信息服务功能及其相应的体制和机制上也实现了由传统向现代化的转化。因此,我国测绘当前也仍然面临着从以测绘产品生产为主,向以地理信息综合服务为主的战略转变,而实现这个战略转变的必由之路,就是要走信息化测绘的道路,就是要建成信息化测绘体系。

然而这些变革和发展仅以数字化测绘为龙头,已经不足以反映其基本特征和其发展的方向了,这就需要有一个新的龙头将现代测绘引导到一个新的战略方向,这就是信息化测绘。

6.7.3 信息化测绘发展的阶段性

我国测绘的发展可分成两大阶段:①改革开放前,这是在计划经济体制下,我国创立和发展了完整的传统测绘体系的阶段;②改革开放以后,是在世界新技术革命浪潮推动和我国建立市场经济体制要求下,我国传统测绘体系沿着两个根本性转变的道路向现代测绘体系过渡和转化阶段。其中,从 20 世纪 80 年代到 21 世纪初,是我国传统测绘体系向数字化测绘体系转化和过渡的阶段,时间跨越了三个五年。从此往后,进入了发展信息化测绘的新阶段。

发展信息化测绘是一个中长期目标,其基本任务是沿着以测绘产品生产为主,向以地理信息综合服务为主的转变,逐步建成我国信息化测绘体系。期望到 2020 年,能够完全建成与经济社会发展相适应的数字中国地理空间框架和信息化测绘体系,全面提升测绘保障能力和服务水平,实现测绘事业的可持续发展,为全面建设小康社会和构建社会主义和谐社会提供可靠、适用、及时的测绘保障。将我国测绘事业的整体水平跨入世界先进行列。

6.7.4 信息化测绘的发展目标

信息化测绘体系建设主要体现在技术和服务上。在信息化时代,测绘的重要性越来越明显。国家“十一五”测绘事业发展需要实现以下五个目标:

(1)依法行政水平明显提高;

(2)基础地理信息资源更加丰富;

(3)科技创新能力显著增强,信息化测绘技术体系基本形成;

(4)测绘保障服务迈上新的台阶;

(5)地理信息产业健康快速发展。

要实现以上目标,需要加快信息化测绘体系建设,提高测绘保障服务能力,形成地理信息框架体系。这标志着信息化测绘体系建设步入了一个快速实施阶段,它必然会促进整个测绘体系的又一次升级和变革,即信息化测绘体系。

6.7.5 数字化测绘体系

以空间数据资源和 3S 技术及其集成为核心,并结合网络、存储等技术来形成数字化测绘体系。数字化测绘体系体现在整个测绘作业、生产和服务的流程中,在实现数据采集、处理、管理和应用的数字化。产品形式也从传统的纸质地图变成了 4D 产品,即数字高程模型(DEM)、数字线划地图(DLG)、数字栅格地图(DRG)和数字正射影像地图

(DOM),这是对传统测绘生产流程的一次革命。它不仅仅只是简单的绘制地图,它还要为社会各行各业提供所需的空间位置数据和虚拟现实系统。

6.7.6 信息化测绘技术体系

从GIS到WebGIS,从OpenGIS到空间数据互操作,再到数据交换中心;从基础地理信息数据库到空间数据基础设施(SDI),再到空间信息基础设施(SII);从4D产品到3S技术,从元数据到地理编码数据,再到面向市场的数字导航地图(DNM);从SDI到LBS(基于位置与空间信息的服务),再到SIG(空间信息网格),这些技术的融合构成了信息化测绘体系。可见,信息化测绘体系所涉及技术的丰富程度和复杂程度并不简单。

信息化测绘技术是现代测绘科学技术经多学科交叉、融合后发展形成的,它依托数字化测绘体系,实现地理空间信息的快速获取和更新、智能化处理和一体化管理、网络化生产与分发服务,实现地理空间信息资源的融合、增值服务,使测绘信息与技术产品社会化,为社会提供多尺度、多形式的服务,是“后数字化测绘技术”时期的发展走向。信息化测绘技术主要包括全球卫星定位导航技术(GNSS)、卫星重力探测技术(SG)、卫星测高(SA)、航空航天遥感技术(RS)、地理信息系统技术(GIS)、信息高速公路和计算机网络技术、虚拟现实技术等。随着计算机技术、通信技术、航天遥感、卫星导航定位等科学技术的发展,人类已经能够实现自动化、智能化和实时地回答何时、何地、何目标、发生了何种变化,并且把这些时空信息随时随地提供给每一个人,服务于每一件事,传达到每一个有需求的地方。这体现了对数字化的提升,也满足了复杂巨系统的格局。

人类的社会活动和自然界的发展变化都是在时空框架下进行的,地球空间信息是它们的载体和数学基础。在信息时代由于互联网和移动通信网络的发展加上计算机终端的便携化,使时空信息服务的大众化代表了当前和未来的时代特征,也是空间信息行业能否产业化运转的关键。

由此,信息化测绘体系的建设必须依托于公共服务、公共产品、公共平台等。

6.7.7 信息化测绘体系的定位

信息化测绘的主要定位是测绘技术自动化、测绘成果数字化、测绘服务网络化、测绘产品社会化。

6.7.7.1 测绘生产自动化

由于地理信息的采集、处理、管理、更新和应用的全过程实现了快速化和数字化。测绘生产自动化便成为了进一步发展的必然,也是信息化测绘必然建立以地理信息数据处理智能化、自动化为特征的测绘生产技术体系。它标志着测绘技术从传统模拟测绘向数字化测绘的重大变革。

6.7.7.2 测绘成果数字化

相对于传统测绘成果的纸质形式,测绘成果数字化主要表现在以下几个方面:

(1)测绘成果的信息量更加丰富;

(2)测绘成果的现势性;

(3)测绘产品形式的多样化;

(4)测绘产品的标准化。

6.7.7.3 测绘服务网络化

传统的测绘服务方式和数字化测绘的服务方式基本上都是以提供为主导，即信息化测绘的服务真正以服务为主导。因此，服务方式必然要向买方市场即需求市场模式转变。随着信息技术的飞速发展，以及 Internet 在全球迅速普及，使得人类社会空间在信息概念上逐步缩小，测绘服务的方式发生了根本性变化。测绘成果可分布式地存储在各个地方，通过建立地理信息一站式服务系统，建立集成化的地理信息门户网站。用户只需访问一个网站、一个查询界面，就可以对分布在各地的地理信息进行检索、访问和浏览，实现任何人都可以在任何地方、任何时候享受地理信息服务的目标。

6.7.7.4 测绘产品社会化

测绘信息服务的信息应用社会化是建立在信息资源集成化和信息服务便捷化的基础之上的，而且需要首先生产公共公开的测绘产品，其最终目标是要让地理信息和测绘产品深入到平常百姓家，让测绘和地理信息成为全社会的共同需要。只有信息资源极度丰富、信息获取途径畅通便捷、地理信息公众产品齐全，才能形成广泛的用户群，真正实现应用的社会化。

信息化测绘反映了经济社会和人民生活对测绘需求结构的变化，体现了信息社会发展的特征，是为实现国民经济和社会信息化发展目标而提出的新的测绘发展思路。

20 世纪最后 10 年，测绘充分利用空间技术和计算机技术，实现了传统测绘技术体系向地图数字化生产技术体系的转变，数字化测绘产品已经得到了比较广泛的应用。数字化测绘技术体系的建立给信息时代的测绘注入了新的内涵，测绘开始进入信息化时代。走信息化测绘发展道路，加快信息化测绘体系建设，是信息社会对测绘发展的基本要求，也是中国测绘可持续发展的必由之路。

6.7.8 信息化测绘体系的框架结构

结合数字化测绘体系的建设和认识，归纳出信息化测绘体系的框架结构，如图 6-30 所示。

信息化测绘体系的层次结构主要是由技术层、数据层、管理层、服务层和应用层 5 个层次及技术的创新、支撑与保障体系，数据的提取、建库与更新体系，信息的整合、集成与导航体系，社会化和产业化信息应用服务体系 4 个体系组成。

基于空间基准框架，可增设 GPS 连续跟踪站和差分基准站，进行 GPS 数据处理与面向全社会的信息播发，建成实时定位与导航的 GPS 综合服务系统。基于地理信息获取与处理系统，可发挥技术、装备等优势，协助专业部门建立专题数据库或集成业务化地理信息系统；通过数据采集、收集和集成，编制与更新导航电子地图，为基于位置服务（LBS）、智能交通系统（ITS）等建设项目提供数据增值服务。基于基础地理信息数据库系统，可对重要的自然或人文地理实体的位置、高度、长度、面积等空间特征数据和社会关注的地表资源环境信息进行权威、公正的静态统计与动态分析，开展空间统计、监测、趋势预测与发布服务；为社会公众提供空间数据检索、查询和下载的网络化服务，为特定用户提供在线制图、集成服务，为国家基础地理信息系统提供数据更新服务。

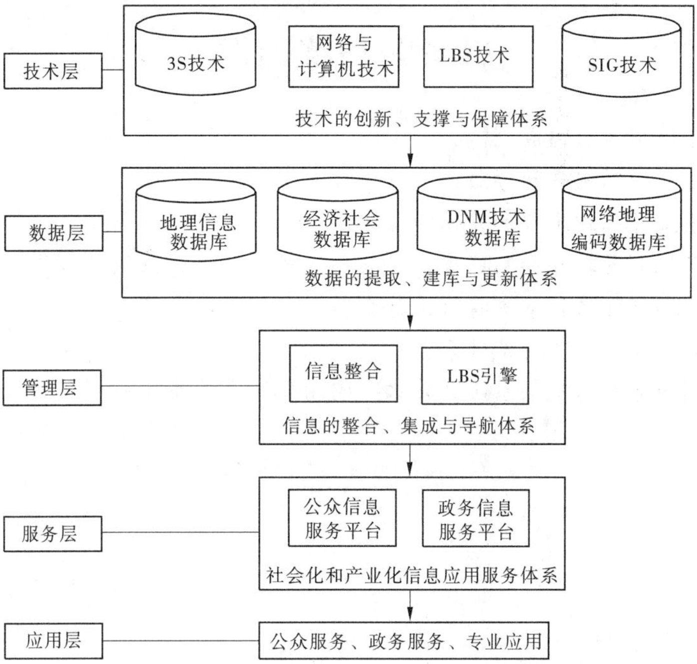

图 6-30　信息化测绘体系的层次结构

测绘发展到信息化测绘体系阶段并不是它的终极目标，因为社会的发展也不是到了信息化社会就停滞不前了，可以从表 6-1 来比较测绘发展的不同阶段。

表 6-1　测绘体系发展的阶段比较

内容	模拟化	数字化	信息化	知识化	普适化
数据类别	模拟数据	地理数据	空间数据	时空数据	格网数据
处理对象	实体	数据	信息	知识	数据信息知识集成
产品模式	手工	4D 产品	数字导航地图 5D－DNM	ONLINE/在线智能保障	实时
技术手段	传统方式	3S 技术	3S＋LBS	全球信息格网技术	4A/4W 技术
服务基础	基于地图的服务（MBS）	基于定位的服务	基于位置的服务	基于路径的服务	基于前导的服务
产品定位	绘图	测度	理解	提炼	先知
主导身份	制图者	地理信息提供者	空间信息服务者	定制服务者	按需服务者
基础设施	资料库/图库	空间数据基础设施	空间信息基础设施	空间网络基础设施	空间服务基础设施
产业定位	测绘事业	地理信息产业	空间信息产业	知识产业	创意生态产业
建设驱动	测绘系统	测绘行业	国家层位	社会需求	全民推动

思考题与练习题

1. 试述数字化测图的组成、特点。
2. 试述图根点控制测量的方法。
3. 试述草图法的工作流程和具体操作方法。
4. 试述数字化成图软件和数据库系统的局限性。是什么系统结合了它们的优势？
5. 信息化测绘是什么？基本特征是什么？
6. 信息化测绘体系的定位是什么？
7. 信息化测绘体系的框架层次是什么？它由哪几个体系组成？